"中国劳模"系列丛书

经纬"织"造者：
王晓菲

张若闲 / 著

吉林出版集团股份有限公司
全国百佳图书出版单位

图书在版编目（CIP）数据

经纬"织"造者：王晓菲 / 张若闲著. -- 长春：
吉林出版集团股份有限公司, 2023.4
（"中国劳模"系列丛书）
ISBN 978-7-5731-3088-4

Ⅰ. ①经… Ⅱ. ①张… Ⅲ. ①王晓菲 – 传记 Ⅳ.
①K826.16

中国国家版本馆CIP数据核字（2023）第039599号

JINGWEI "ZHI" ZAOZHE: WANG XIAOFEI

经纬"织"造者：王晓菲

著　　者	张若闲	
组稿统筹	东北师范大学文学院创意写作研究中心	
撰写指导	余　弓	
责任编辑	王丽媛	
装帧设计	张红霞	

出　　版	吉林出版集团股份有限公司	
发　　行	吉林出版集团社科图书有限公司	
地　　址	吉林省长春市南关区福祉大路5788号　邮编：130118	
印　　刷	唐山富达印务有限公司	
电　　话	0431-81629711（总编办）	
抖 音 号	吉林出版集团社科图书有限公司　37009026326	

开　　本	710 mm×1000 mm　1 / 16	
印　　张	9.5	
字　　数	100 千字	
版　　次	2023 年 4 月第 1 版	
印　　次	2023 年 4 月第 1 次印刷	

书　　号	ISBN 978-7-5731-3088-4	
定　　价	45.00 元	

如有印装质量问题，请与市场营销中心联系调换。0431-81629729

　　劳动创造财富，劳动创造幸福，劳动创造未来。习近平总书记在2020年全国劳动模范和先进工作者表彰大会上的讲话中指出："全社会要崇尚劳动、见贤思齐，加大对劳动模范和先进工作者的宣传力度，讲好劳模故事、讲好劳动故事、讲好工匠故事，弘扬劳动最光荣、劳动最崇高、劳动最伟大、劳动最美丽的社会风尚。"当今世界，综合国力的竞争归根到底是科技人才和高素质劳动者的竞争。改革开放以来，我们强大的工人队伍用辛勤劳动和拼搏奉献推动中国制造、中国智造、中国创造走向世界的前列，新时代的中国面貌日新月异。大力弘扬劳模精神、劳动精神、工匠精神，加强高素质技能人才队伍建设，打造一支宏大的知识型、技能型、创新型劳动者队伍是伟大时代赋予我们的历史责任。

　　劳动模范是民族的精英、人民的楷模，是共和国的功臣。自改革开放以来，广大职工勇立改革潮头，独立自主，奋发图强，勇于创新，其中涌现出一批批全国劳模和大国工匠，他们参与建设了代表中国高度、中国速度、中国深度的一系列重大工程，提升了国家实力，打造了"中国名片"，树立了"中国品牌"，增添了"中国力量"，充分释放出工人阶级的创新活力，展示出大国工匠强大的创造能力。他们以工人阶级的满腔热忱在各自平凡的工作岗位上创造了辉煌的业绩，书写了新时代的壮丽篇章。

爱岗敬业、争创一流、艰苦奋斗、勇于创新、淡泊名利、甘于奉献的劳模精神，崇尚劳动、热爱劳动、辛勤劳动、诚实劳动的劳动精神和执着专注、精益求精、一丝不苟、追求卓越的工匠精神，是广大劳动群众在社会生产实践中锤炼形成的弥足珍贵的精神财富，是工人阶级伟大品格的具体体现，是民族精神和时代精神的生动体现。民族复兴需要劳动模范，祖国强盛需要大国工匠，中国制造、中国智造、中国创造更需要大国工匠的强有力支撑。劳模、工匠等的成长故事、先进事迹中承载的劳模精神、劳动精神和工匠精神，是激励全国各族人民团结奋斗、勇往直前的强大精神力量。

"中国劳模"系列丛书，采用图文结合的方式，讲述全国劳模、大国工匠和先进工作者的成长经历及他们追梦、筑梦、圆梦的故事，用他们在平凡岗位上创造不平凡业绩的真实故事感染读者，形成劳动最光荣、劳动最崇高、劳动最伟大、劳动最美丽的社会风尚，引导广大技术工人和青少年形成劳动光荣、技能宝贵、创造伟大的观念。

"匠心筑梦，强国有我。"新时代是万象更新、生机勃勃的时代，也是一个继往开来、创新创业和建功立业的大时代。希望广大读者能以劳动模范为楷模，以大国工匠为榜样，立志技能报国、技术强国，踔厉奋发，勇毅前行，锤炼思想品格，汲取劳动智慧，勇于担当、勤于钻研、甘于奉献，为推进新型工业化和乡村振兴，加快建设制造强国、质量强国、航天强国、交通强国、网络强国、数字中国、农业强国，为全面建设社会主义现代化国家贡献青春力量。

中华全国总工会副主席（兼）

中国航天科技集团有限公司第一研究院

211厂14车间高凤林班组组长

2022年11月

传主简介

王晓菲，女，汉族，1985年生，山东德州人，中共党员。2003年7月参加工作，现任德州恒丰集团纺纱工高技能教练。全国劳动模范，中国共产党第十八次全国代表大会代表，第十三届、第十四届全国人大代表，高级技师，正高级工程师，享受国务院政府特殊津贴。

王晓菲的父亲王宪林曾经是德州市陵城区的人大代表。王晓菲十六岁那年听从父亲的建议，放弃报考高中，选择进入技校，毕业后一直从事纺纱工作，并不断求学深造，最终成就了不平凡的"技术人生"。她研究的创新操作手法，在行业内得到普及推广，为纺织行业的技术革新做出巨大贡献。

2008年包揽中国纺织行业"经纬-常山杯"细纱

工技能竞赛单项和全项冠军；

2009年被授予全国五一劳动奖章；

2012年当选为中国共产党第十八次全国代表大会代表；

2013年被授予"全国青年岗位能手"称号；

2015年被授予"全国劳动模范"称号；

2015年成为享受国务院政府特殊津贴专家；

2017年成为山东省首届青年技能形象大使；

2017年荣获中国棉纺织行业"传承大工匠"称号；

2018年当选为第十三届全国人民代表大会代表；

2018年荣获"第十四届中华技能大奖"；

2019年成为国家技能大师工作室领衔人；

2021年被授予"三八红旗手"荣誉称号；

2023年当选为第十四届全国人民代表大会代表。

目前，王晓菲带领工作室成员坚持走技术改革创新之路，实现了个人与中国纺织行业的共同进步。

目 录

CONTENTS

 第一章　夺得桂冠

最重要的决定

2003年接近尾声，寒风掠过德州城。十八岁的王晓菲身心俱疲地从国棉厂车间走出来，一步一步挪向公交站台。

26路公交车，从国棉一厂（原国棉厂）直达丁庄镇，全程一个小时。

王晓菲工作日住在单位宿舍，宿舍与厂房在一个大院子里，距离很近。大半年来，从宿舍到厂房的那条近便小路，她朝阳初升的时候走过，星光灿烂的夜晚走过，雷电交加的仲夏走过，白雪飞舞的秋冬走过。总是上一个班次后，她还没休息充分，下一个班次的闹钟又来催促！她像陀螺似的日夜高速旋转，上学时期对纺织工人的崇拜随着铺天盖地的棉线渐渐消散。跟许多已经辞职的女同事想法一样，王晓菲渴望把亮丽的青春镶嵌在洁净舒适的工作场所里。

这日休假，王晓菲准备回丁庄镇苑庄村的家。

她坐在慢慢行驶的公交车上，渐渐放松下来，想起第一次美滋滋地领到五百多元工资回到家里的情景。

"爸，妈，我发工资了！"

王晓菲的父母有心理准备，或者说他们早就盼着这一天了。

他们提高嗓门儿说："晓菲，三个月的实习期挺过去了，以后就能按月领工资了。好，真是太好了！你大哥结婚、二哥上学的钱都宽裕多了！"

"爸爸，你看，我给你买了什么？"

王晓菲将包装平整的白衬衣贴到父亲胸前。王宪林素来喜欢穿衬衣，乐得合不拢嘴，不停地抚摸着竖立的衣领，舍不得拆开，生怕弄脏新衣。

没想到如今……

王晓菲明白家里的情况，也理解父母的心情，可是，如今的她在车间工作度日如年：夏天顶着满身痱子上班；手指被勒破还要继续掐头；头晕眼花、恶心干哕……工作环境单调、恶劣：灰白的厂房，狭长的机车道，单调的工作服，线网密布的车间……数月来的压抑令她窒息，她要和父母表明自己的态度。

快到春节了，公交车停靠站熙熙攘攘地挤满了背着行囊的年轻人。

20世纪末，我国东南沿海地区的民营企业雨后春笋般涌现，大小企业都在规模化地招聘工人，且工资可观。于是，大量年轻人涌向沿海城市，掀起一阵打工浪潮。很多农村青年，在义务教育阶段结束之后便不再读书，而是离乡背井，奔向传说中的"不夜城"，成为城市中的农民工，每年春节前才返乡。

公交车到达丁庄镇，王宪林骑着摩托车将女儿接回苑庄村。母亲刘俊荣站在院门口迎接女儿归来。一家人乐悠悠地坐在屋里闲谈。

王晓菲看见父母高兴的神情，几次欲言又止。最近几个月，她不用问家里要生活费，父母都显得年轻了。但是想到车间无法让人忍受的环境，她终于鼓足勇气，清楚地说："爸，妈，我不想去国棉厂工作了，太累太苦啦！"

夏天的时候王晓菲向父母随口说过一次不想去了，但父母并没当真。村里多少人求之不得、羡慕不已的国企工作，女儿怎么会放弃？可这次王宪林听出来了，女儿是真的想辞职。

刘俊荣愣了一下问道："那技校不就白读了吗？！你现在说不想干了，那你想干吗去？"

"干什么不行？我们一起进厂的42个学员，每个月都有一拨辞职的。她们去天津、烟台的电子厂打工，到市区百货大楼卖衣服，进超市、眼镜店当服务员不也挺好的？四婶也说过，纺织厂的活儿不是人干的！"王晓菲宣泄着憋在心底的怨气。

"你说什么？"王宪林吼道，"辛辛苦苦供你读技校，不就是为了让你有份稳定工作吗？什么活儿不是人干的？！纺织厂那么多人能干，就你不能干？！那么多人能坚持，就你不能坚持？！"

"在这里三班倒，噪声那么大，花毛到处飞，累死累活还被扣分！"王晓菲眼眶噙泪。

父母这才知道，他们的女儿看上去有个体面的"铁饭碗"，其实工作并不如意。可是，一个普通的农家女孩儿凭借什么去改变命运呢？

王宪林是名党员，坚持每天收看新闻节目。这天晚饭后，他照例打开电视机。

"晓菲，过来看！"王宪林突然提高嗓门儿喊道。

王晓菲不情愿地走出小屋，来到父亲身边。

王宪林指着电视屏幕上正在发言的一位女同志说："她叫郝建

秀，曾经跟你一样是名细纱挡车工，不到十六岁就摸索出了一套改进整个纺织业技术的新方法，后来被评为全国工业劳动模范；二十多岁时考入华东纺织工学院（现东华大学），经过几十年的努力，已经成为全国政协委员了。"

王宪林望着女儿，"看到了吧，她比你还小就进了国棉厂，照样干出了一番事业。"

王晓菲盯着电视，"郝建秀？不可思议，不到十六岁就能发明新技术了？"

"世上无难事，只怕有心人。"

王晓菲看着父亲，"做出成绩来，还有机会读大学！还能升到别的岗位，是吗？"

"当然，"王宪林对女儿说，"你好好干，一定会好起来的！"

"哦。"王晓菲轻声答应。

"这条路比打工有前途！"王宪林为迷茫的女儿指明了未来的发展方向。

王晓菲忽然间想起几个月前来单位做报告的那几位全国劳模，若有所思地点点头。

她从厌倦的状态中清醒过来：车间工作绝不是单调乏味的重复，纺纱技艺学无止境。

经历过彷徨与动摇之后，王晓菲做出了人生中最重要的决定：珍惜拥有的工作，坚持下去，像老前辈那样，当一名出类拔萃的纺织工人，开辟宽广的人生天地。

⊙ 2003年9月，王晓菲（后排左一）与同批进厂的细纱车间学员欢送辅导
　老师退休

机遇失而复得

翌日清晨，闹钟响起，王晓菲再次坐上开往国棉厂的公交车。

几个月来的工作情形又闯入脑海：细纱车间的活儿是全厂最苦最累的，机车24小时运转，发出战斗机般的轰鸣声，超过90分贝的巨响震得人脑骨发麻，耳朵近乎失聪；乱飞的棉线钻进鼻孔、眼角、耳朵眼儿、脖颈、鞋筒……使人呼吸不畅、心烦意乱。

王晓菲摇摇脑袋，甩开忧虑，转念去思量车间环境对纺纱的影响。

车间的温度和湿度对纱线的质量有很大影响，因此，车间会配备专门装置控制温度和湿度。如果纺纱机上的原材料是纯棉的，那么夏季的温度控制在30℃至32℃，春、秋、冬季控制在24℃到27℃；如果原材料是涤纶、锦纶、腈纶和一些混纺，夏季温度与纯棉的相仿，冬季的温度一般控制在23℃到25℃。车间的湿度要求为55%至65%，如果湿度太低，容易产生静电，引起火灾，也会导致车间内悬浮颗粒过多，危害人体健康。如果湿度太高，则棉线容易发霉。为了达到相应的温湿度，冬季会往地面上泼水，夏季除了泼水还会在车间里放些大冰块。

车间不是贪图安逸的地方，这样艰苦的条件造就了吃苦耐劳的纺织工人、被人需要的纺织工人。想到这儿，王晓菲流露出一丝笑意，车窗外的天空也变得明朗起来。

下公交车后，她欣然走进国棉厂的大院，重新打量着一切。玫瑰色的朝阳照耀着厂房，洁净的玻璃窗反射出旖旎霞光；车间里溢出淡淡的棉脂香……她早已熟悉的地方，竟然还有那么多新奇的风景。

王晓菲提前十几分钟到达车间，在更衣室内麻利地换上蓝色制服，围上大襟，快步来到纺纱机前。她望见在岗的师傅们正在心情愉快地为徒弟们做示范。这些师傅们在岗都有些年头了，她们的指节粗大，但是扭曲的手指却异常灵敏，老茧成为坚硬的保护膜，赤手表演的拉、掐、揪、抽、捻、接、换、拔等精细动作协调流畅，像钢琴师陶醉在美妙的弹奏中。假如其中任何一个动作不到位，纱线就可能出现粗节、细节、条干不匀、飞花、棉结和异常疵点，为后序流程增加工作量，并且直接影响纱线的销售。用次品纱线织成的布料高低不平，疏密不匀，布料质量指标检测不合格，最终导致前功尽弃……

新员工若想练就老师傅那样收放自如的本领，每个操作方法都要练习成千上万次，更何况还有多个不同的操作法迅速交替轮番上演。因此，要保证织出的每根细纱精致，非抱着铁杵磨针之志不可！王晓菲顿时领悟到：消极地敷衍每个动作是对纺织职责的亵渎，应该积极主动地去完善每一次的接、捻、换，织出优质的经纬线！于是，她戴好口罩，努力将注意力集中到对指节间纱线的操控上。丝丝缕缕的线条像流星雨似的从纺纱机口中吐出，拙钝的双手也在快速应对中一次比一次敏捷。

王晓菲听厂里的老同事作报告时，从没想过有一天自己也能得全国冠军，但是，在一点儿一点儿的进步中，她似乎看到了胜利的曙光。

从此，王晓菲每天提前半小时左右到达车间，把飘落到纺纱机底部、机器夹缝间、滚筒上的碎棉絮都清理干净，与上个班次的同事交接后仔细检查设备的运行情况。一切准备就绪，她便俯首沉浸于千丝万缕中，对震耳欲聋的噪声置若罔闻，对雪花似的毛絮视而不见，以前感觉单调的操作也不再是难以忍耐的折磨，而是提升技能的机会。

养成一个操作习惯不容易，纠正长期习惯的手法更不容易，需要改变动作定势、克服心理惯性、锁定新指法，反复刻意训练，身心忍受"错位"的不适感。

王晓菲负责五台机子，主要任务是接断头、换包粗纱、控制好纱线疵点。工作过程中，她在心中一直默念着操作方法，每个动作的角度、力度、速度都尽力做到精确无误。一遍，两遍，十遍……反反复复操练了百遍千遍，每多练一次手指就多一次"记忆"，动作就会多熟练一分，工作速度就能再提高一微秒！转变心态之后，王晓菲体会到单调中的无穷趣味。

下班时间到了，其他员工迫不及待溜之大吉，只有王晓菲留下来继续练。凡是师傅指出不规范的地方，她都仔仔细细地琢磨，力图操作得完美无瑕。

"管纱在锭子上每分钟旋转一万五千圈。插上管纱后，要掐出三到五厘米的线头；掐头时，如果方法不对，右手食指就会被勒破。由于管纱旋转速度特别快，拔管时手掌经常磨出扁圆形血泡。"王晓菲伸出手指，意味深长地回顾最初工作的那段日子，"手指经常被细纱勒出一道道血痕。每天下班后，整个人就像散了架一样。"

日日新，又日新。每天经王晓菲双手接捻的纱线不计其数，她的指尖技艺也在嘈杂的车间里练习得日益精湛。

> 你看　你看
> 月亮的脸偷偷地在改变
> 有人的青春花枝招展
> 唯你为芳华披星戴月
> 光阴无情地黯淡了百花的鲜艳
> 也钟情地为你的未来夯实铺垫

一年后，王晓菲成为车间的种子队员。

人类生存最基本的需求莫过于衣和食。衣料的来源主要依靠纺织工人加工制造，因此，纺织业遍布世界各地，并形成竞争激烈的产业格局。

我国是产棉大国，在棉纺织、麻纺织、毛纺织等类别里，棉纺业举足轻重。20世纪末至21世纪初，国际贸易市场严重冲击了中国传统的纺织行业。设备老化、工人技术水平落后、生产效率低、产品质量差等问题导致国内大型国棉厂成批地破产倒闭，很多基层员工被迫下岗。许多业内技能比赛也因为行业形势的不稳定而被迫取消或暂停。

虽然王晓菲所在的国棉厂没有破产倒闭，但是漫长而寂寞的四年多里没有等到有关技能比赛的任何消息，她感到前途一片茫然。2008年初，王晓菲和家人商量之后，报名参加国棉厂开办的电大班，计划学成之后如果有机会就换个只上白班的工作，结婚之后也好照顾家庭。

天道酬勤，好运有时会在绝望处光临。

2008年3月，公司通知员工下半年将举办全国"经纬-常山杯"棉纺行业细纱工职业技能竞赛。这则消息如同漆黑之夜的一道闪电，令王晓菲振奋。她希冀着这束光能点燃晦暗的青春，长久地照耀自己的职业生涯。

王晓菲当时正处于恋爱中。她对男友说："我要把握住这次难得的机会，像公司里那些参加过比赛的选手一样争取获奖。"

春意盎然，男友为成全她的心愿，主动将浪漫之约告一段落。

自此，王晓菲关闭手机，心无旁骛。她多么渴望能夺得"桂冠"，为朴素的蓝领配上一件贵重的装饰品。每个班次她都要在四五台机子前步履匆匆巡查十小时以上，平均行程不低于二十千米。王晓菲下班时，四肢麻痹，但她踉踉跄跄地回到宿舍后依然继续争分夺秒地背诵理论知识。

　　王晓菲竭尽全力，其他选手们同样不遗余力。平日看似娇弱的女生们，个个志存高远。

　　4月，集团内部先组织了一轮选拔赛。国棉厂的老将们技高一筹，王晓菲排名第六，未能入围前五名，意味着她今年与大赛无缘。从2003年底决定做一名出类拔萃的挡车工算起，王晓菲虽进行了将近五年的日夜苦练，却败于几秒钟的延迟……

　　她沮丧地退回"原地"，一边认真工作，一边学习电大课程。

　　一个月后，意想不到的事情发生了：集团内部入围的五名选手竟有两名突然辞职！公司和车间的领导们大失所望。培养一名优秀选手多么不易！为了参与大赛，为了公司的荣誉，领导们决定，在其余的种子队员中再次组织选拔赛。

　　王晓菲暗自庆幸，告诫自己一定要抓住突如其来的良机。她反省上次失败的原因：一看见老师掐表测试就大脑空白、手哆嗦。这次，在练兵时她主动找辅导老师或者同事掐表计时，逐步克服畏惧心理。结果在第二次选拔中，她以第一名的成绩入围，获得了参加全省预选赛的资格，加入脱产集训的队伍。

　　车间辅导组专门委派设备专家、棉纺织基础知识专家和操作专家指导选手们训练。车间里，选手们的身影穿梭不停，衣服被汗水湿透又焐干。选手们将《棉纺织细纱值车工作法》（山东省地方标准）随身携带，见缝插针地读读读、背背背。

　　每天晚上8点，选手们又像与时间赛跑似的从车间奔向会议室，在车间主任们白天开会使用的这块宝地，开展理论复习，互相问答，直到深夜，做过的试卷堆积如丘。

王晓菲在自己的床头也密密麻麻地贴满小纸条，每晚灯光熄灭前，都会抓紧瞄一眼上面详细勾画的操作要领，让理论概念在梦境中再现……

6月，国棉厂的选手们参加了山东省预选赛。王晓菲抱着"初生牛犊不怕虎"的心态走上考场，最后以总分第六的成绩，获得参加全国大赛的资格，也是国棉厂五位选手中唯一入围全国大赛的选手。

在大家的赞誉声中，王晓菲冷静分析了比赛中自己暴露出的薄弱点——单项操作速度慢、加分低，提醒自己不可掉以轻心。

不鸣则已，一鸣惊人

2008年，席卷全球的金融危机使国内劳动密集型产品出口进一步受到抑制，传统的纺织行业愈加不景气。大浪淘沙，幸存的企业唯有不断增强综合实力，特别是提高一线员工的技能水平，才不至于被起伏不定的经济浪潮打翻淹没。

纺织行业分门别类地举行各级各种竞赛，是快速提升一线员工专业素养的重要渠道之一。2008年举办的全国棉纺织行业细纱工职业技能竞赛项目多、赛事难，对选手的技能要求超过往届。

7月，王晓菲拿到《棉纺织行业细纱工操作指导》，116页的内容只有极少部分的考点她以前背过。没有同事一起互相提问，她就自己从头到尾默写记忆。她每天早上6点起床到会议室背诵考点，8点去车间上班，下了班再去会议室背诵，直到夜里12点才休息。

8月初，王晓菲暂时离岗集训。公司尽可能地为她创造训练条件。公司在没有JC60S纱线订单的情况下，特意安排了一台细纱机供她练习。更令她感动的是，在省选拔赛中被淘汰、大她十岁的蔺雪莲老师，连续多日与她形影不离，给她当陪练。蔺老师手握秒表，重复说着："开始！……停！""开始！……停！"为了公司的荣誉，她们并肩作战，严苛地练习十指的功夫。

秋月如梭。她守候在车间，掏出手机，"爸，妈，我不回去过中秋节了。"

父母关切地对瘦到八十多斤的女儿说："注意身体，好好加油！"家人的疼爱给王晓菲注入了奋楫航行的力量。

棉纺厂一般分为前纺、细纱、筒摇、准备、织布和成品六道生产工艺，每道工艺里再细分成三到五步流程。只有每道流程的工艺精美，才能保证最终生产出优质纱线和布料。所有工艺中，细纱车间的核心任务是将粗纱加工成规格不等的细纱，这对挡车工的技术要求最高。细纱机首先要将粗纱拉细到所需的细度，使纤维伸直平行，这一步叫牵伸；紧接着加捻，就是将须条加以捻回，成为具有一定支数、一定强力的细纱；下一步是卷绕，将加捻后的细纱卷绕在筒管上；最后成型，制成一定大小和形状的管纱。如果细纱断头、条干不匀、细节过多、毛羽较长等纱疵频繁出现，那么纱线的质量就不合格。

细纱工的比赛项目有JC32S、JC40S、JC60S三种纱线。每种纱线包括一个接头项目和一个换包粗纱项目，合计六个单项。每名选手需先完成理论考试和六个单项的测试，依据总分排名进入决赛。

JC32S表示棉纱的规格：J代表精梳；C代表纯棉；S代表支数，S前的数字越大，表示纱线越细，加捻的难度就越大。细纱接头要快、轻、匀、短；换包粗纱要求平行不乱、表面光滑、不断头、无粗细节等。

2008年9月17日那天，阴雨绵绵，气温骤降，全国四十多名风华正茂的参赛选手（其中山东选手十名）来到比赛场地——石家庄常山纺织股份有限公司。

18日上午举行理论考试。

19日，王晓菲又参加传统接法单项竞赛。（接头比赛分为传统接法和绕头接法两种，传统接法对纺纱质量要求较高）

第一轮的预选赛中，王晓菲的理论考试成绩为98分，六个单项操作全部零失误，速度另外加分，最后她以总分第一名的成绩顺利进入决赛。

21日上午，入围决赛的十八名选手进行车间巡回竞技。

进入车间前，蔺老师一边与王晓菲闲谈，帮助她缓解压力，一边为她按摩双手，避免因手指僵硬影响成绩。此时，王晓菲的耳畔仿佛响起临行前父亲语重心长的教诲："像郝建秀那样，勇于创新奋进，问心无愧就好，即使不得奖也不重要。"公司领导的鼎力支持，同事热心的陪伴，父母、男友的关爱让王晓菲的内心涌起股股暖流。她要通过娴熟的技艺，向考官和同行们展示国棉厂的培育成果。

三名选手为一组同时进入车间，一名选手配三名裁判，另有一名计时员。

王晓菲身穿带有编号的工作服，进入既陌生又熟悉的车间，手心直冒汗。但面前的纺纱机宛如知己，当她的手指触摸到纱锭的一刹那，紧张的心情立刻镇静下来。

她举手示意，计时员按下秒表……

接断头、换粗包、做清洁，"主人"与纱锭默契地配合。

六十分钟的巡回操作，王晓菲平心静气，稳定操作。

22日，成绩揭晓，王晓菲获得单项、全项两个第一的成绩，总成绩为102.626分。

她和教练们紧紧相拥，喜极而泣。

23岁的王晓菲，经过将近两千个日夜的坚守和努力，终于一鸣惊人，夺得桂冠，被授予"全国纺织行业技术能手"称号。

从此，王晓菲的芳名飞出了僻静的苑庄村，飞出国棉厂，飞向了中国纺织行业的前沿。她犹如一朵淡雅高洁的兰花，尽情绽放！

⊙ 2008年9月，王晓菲（左二）获得中国纺织行业技能大赛冠军回到车间
  后徒弟献花

 第二章　村庄里的"小飞"

一朵花的情结

我有花一朵

种在我心中

含苞待放意幽幽①

王晓菲的心灵深处，对"花"有挥之不去的情结。

1985年7月，王晓菲出生在山东省德州市丁庄镇苑庄村。

德州是山东植棉区域的代表，从宋末元初开始种植棉花，到了明代成为著名的产棉区。1984年，德州新棉单产量居全省第一，其中夏津县棉花总产量居全国第二位，人均销售量居全国第一位。

20世纪80年代，德州市的村民家家户户种植棉花，采棉时节，一车车成捆的大棉袋把供销社挤得水泄不通，棉农们收获颇丰。

一望无际的棉花地里，膨胀的棉花轰轰烈烈地盛开着。农民们热火朝天地采摘棉花，情不自禁哼唱着流传于鲁西地区的民谣："高田地，种芝麻，矮田地，种棉花，棉花田里一个大南瓜……"

王晓菲在咿呀学语、蹒跚学步时就认识了素净的棉花，它比河

———————

① 出自歌曲《女人花》。

边的蒲公英雍容，比亭亭玉立的荷花洁白，比雏鸡的绒毛柔软。每每吹起棉絮，她的脸上都会露出天真的笑颜。年龄稍长，她知道了棉被、棉衣、毛巾里都有棉花。农村生活里，棉花无处不在。至今，王晓菲的老家还种着几分地的棉花，留给孩子们做棉袄使用。家里棉花丰收时，她就在一旁帮忙捡拾棉花。

她喜欢棉花，一种纯粹的喜欢；她爱花，天性使然。

七岁那年，邻居家的伙伴扎着一朵粉红色头花，是那种活泼的、甜甜的粉红色花朵。

王晓菲太喜欢那朵花了，"妈妈，求求你也给我买个头花，好吗？"

刘俊荣和蔼地说："等到赶花集的时候，妈买个更漂亮的送给你。"

每年的腊月二十六，丁庄镇逢花集，村民们都怀着对旧年的眷恋、对新年的期盼去赶这一年中最后一个集。

集市上车水马龙，地摊上堆摆着各式各样的年货，还有唱戏的、卖鞭炮的。孩子们花几角钱买一小把"地老鼠"，胆子大的孩子就会点燃尾巴让"地老鼠"窜街……

每逢赶集的日子，刘俊荣都会带上王晓菲来集市上挑选好看的发卡和头花。

"啊？要等到过年才买啊？那还得等大半年呢！"王晓菲噘着嘴走开了。

她赌气来到爷爷奶奶家，要在那儿吃午饭。

奶奶正在厨房做饭，爷爷不在家。她走进奶奶的卧室，看到炕上放着纳了一半的鞋底，就学着奶奶的样子，坐在炕沿儿上，拿锥

⊙ 1993年5月，八岁的王晓菲（左一）小学二年级与同学合影留念

子往硬邦邦的鞋底上穿麻绳，可是怎么也穿不动！她灵机一动，掀开被褥，要把锥子顶在炕沿儿上。无意中她看到被褥下有一个塑料袋，里面装着不足十元的零钱。于是她停下手中的活儿，拿起袋子瞧，心里打着算盘："两三块钱可以买朵头花了吧。我拿出两块钱，他们不会发现的。"嘴里一边叨咕着，一边提心吊胆地把钱塞进自己的裤兜里，然后将被褥铺好，鞋底放回原处，远远地跟奶奶打了声招呼就一溜烟地跑回家。

到家后，王晓菲不动声色地帮助母亲盛饭端菜，吃完饭后便午睡了。迷迷糊糊中被说话声吵醒，王晓菲看见爷爷、奶奶、妈妈都在屋里。

爷爷走到跟前，小声地问："睡好了吗？没睡好就接着睡，我们出去说话。"

王晓菲"做贼心虚"，哪里睡得着，猜测着是不是被他们发现了。她惊恐地跳下炕去。

刘俊荣绷着脸问："你拿爷爷的钱了吗？"

钱还在口袋里，怎么就忘记藏起来呢？

王晓菲支支吾吾地回答："拿……拿……了，不过只拿了两块钱，还没花。"说着，从兜里掏出皱巴巴的钱递给他们。

爷爷笑着说："不打紧，能承认就是好孩子。这是爷爷干零活挣的钱，再给你三块凑成五块整头吧。"

王晓菲瞅着母亲不敢伸手。

刘俊荣大声训斥道："平时我怎么教你的？别人家的东西再好也不能拿，更不能偷，想要什么跟爸妈说。你竟敢去拿爷爷的钱！"说着就扬起巴掌，爷爷奶奶慌忙阻拦，将王晓菲护在怀里。

　　王晓菲算是逃过一劫，但母亲坚持让她把钱还给爷爷，否则还得挨打。

　　爷爷只得接回钱，并嘱咐刘俊荣："孩子知道错就行了，别再惩罚她了。本来也没想要回钱，只是不希望孩子养成坏习惯。"说完后，爷爷奶奶转身走了。

　　刘俊荣怒气未消，正色厉声道："手伸出来！"母亲随手抄起麻绳鞭，王晓菲吓得不敢说话，两只小手猫在背后使劲儿搓擦。母亲把王晓菲的双手狠狠地拽到前面，"别动，越动打得越厉害！"

　　麻绳鞭"唰、唰、唰、唰、唰"地甩出五下，王晓菲紧闭双眼，两只手变成了"红红火火"的"红薯掌"。

　　王晓菲觉得憋屈。不是因为手疼，也不是因为长辈们的教训，而是为一朵求之不得的漂亮头花。母亲不理解女儿对花的喜爱，对美丽的向往。她童年记忆的方匣子里封存着一朵花蕾。

　　"父母爱子，则为之计深远。"

　　刘俊荣的家教让王晓菲刻骨铭心：做人应胸襟坦荡，做事宜光明磊落，决不允许偷鸡摸狗占小便宜。

　　若干年后，王晓菲凭借不懈努力，光荣地佩戴上大红花走进人民大会堂时，她懂得了女性真正的美丽在于实现人生价值，儿时那朵尘封在方匣子里的花复活了，如此娇艳动人！

荣誉与责任

现在的王晓菲脸庞清瘦，直发及肩，穿着尖领的白衬衣显得果断干练；眼神纯净，眼角微扬；鼻翼小巧，双唇内敛；淡定的神态中自有一股倔强的阳刚之气。

儿时的王晓菲十分调皮，整天从村东头跑到村西头，再从村西头返回村东头，跟着放牛娃到田地里抓蛐蛐，和两个哥哥爬高树，村庄里对她无人不识。

王晓菲在村里同龄女孩子们组成的团队中总是担任"小首领"。村里的男孩儿较多，她撞见男生欺负女生，就伸张正义与男生"针锋相对"，以理服人，有些男生也恭敬地听从她的命令。

玉米成熟的时候，苑庄村学校给孩子们放秋假。

大人们天蒙蒙亮就赶往茂密的玉米地收割玉米，孩子们则在家享受假期的快乐。

王晓菲趁着闲暇时日，带领几个孩子玩起了过家家的游戏。她们有时扮成卖鸡蛋、水果的商贩；有时扮作医生给病人治疗；有时扮演老师给学生上课……这次，她们排演买菜、做饭的剧情。

好友芸芸家有三间偏房，一间盛放着玉米秸秆铡成的草垛，另外两间存放农具。

　　王晓菲一如既往地扮演大家长"妈妈"的角色。她吩咐两个"孩子"打扫放农具的房间，自己则领着另外两个"孩子"到稍远的"集市"采购食物。

　　她们弯着胳膊肘，挎着"空篮子"，来到稍远的草地上，模仿大人买菜的模样，仔仔细细地挑拣那些好看的砖头、石子、树枝、枯叶，忙得不亦乐乎！好一会儿，她们得意地抱着"蘑菇、韭菜、洋葱……"回到家，筹划着"大摆宴席"。

　　快到家时，她们闻到股烧焦的味道，王晓菲赶紧丢掉手中的"饭菜"，顺着气味跑进铡草间。

　　烧烤玉米是农村人经常做的事情。大人们在做饭的时候，将玉米放在灶膛里烤熟。有时，一些大点儿的孩子也会背上几根玉米，再选一片空旷的荒地，用几块石头垒个小方灶，捡些树枝、木柴塞进石缝，生火烤玉米。烤好的玉米散发出浓郁的香味，令人垂涎。

　　刚才，两个"孩子"收拾屋子时发现了几根玉米，索性先做起饭来。她们溜到放着草垛的房间，拢过一小摞秸秆，兴致勃勃地把鲜嫩的玉米架在上面烧烤！

　　结果秸秆一根接一根地燃烧起来，眼看要向着一大堆干草连着几件木制农具蔓延过去！跑到玉米地找大人回来处理肯定来不及！情急之下，王晓菲号令道："别烤了，赶紧灭火！"

　　她冲出房间，端起搪瓷盆到庭院中的大水缸里舀水，一盆接一盆地把水泼到草垛上。其余吓呆了的几个孩子反应过来后，有的跟着"妈妈"帮忙打水，有的拾起刚才捡来的石头砸火苗。所幸，火被及时扑灭了。她们的脸上黑一道白一道的，像花猫，互相瞧瞧，哭笑不得。

王晓菲惊魂未定，以家长的口吻谴责违规的"孩子"："在草屋里点火有多危险，你们知道吗？！如果我们晚回来一会儿，房子都被烧光了，你们俩也被当玉米烤了！"两个孩子半信半疑地讥笑王晓菲小题大做。

接近晌午，大人们陆陆续续地从地里回来。

芸芸的爸爸看到杂乱不堪的场面，严肃地追问："这是怎么了？"

王晓菲如实地向芸芸的父母汇报了事情的经过。

芸芸的爸爸夸奖道："还好有惊无险，得亏了'小飞'英勇机智啊，要不然，我家的房子说不定要烧成灰烬了……"

大大咧咧的"小飞"因为有勇有谋得到大家的赞誉。

三年级之前，王晓菲的小名叫"小飞"，至今，村邻们仍然管"大名鼎鼎"的王晓菲叫那个他们称呼了几十年的小名——"小飞"。

繁重的农活儿

王宪林和刘俊荣是20世纪50年代出生的地道的农民，家中兄弟姐妹众多。他们在自家都是老大，担负着赡养长辈、照顾弟妹的责任。家族内部有矛盾，他们出面调解，事情就会平息下去。弟弟们的婚事也由他们操办。王宪林高中毕业后就到丁庄镇的供销社当货

⊙ 上图　1996年5月，十一岁的王晓菲（右二）小学四年级与同学合影

⊙ 下图　1997年，王晓菲（右一）全家在屋前合影

车司机，经常外出，家中的农活儿、教育三个孩子的重担主要落在刘俊荣身上。刘俊荣上完高中后曾在村里担任过妇女主任，结婚之后全职照顾家庭。王氏家族四世同堂，家族内外关系融洽。王晓菲在族人的宠爱下无忧无虑地度过了童年时期。

因为棉花的生产采摘过程比较复杂，与玉米、小麦等粮食作物相比，种植棉花成本大，收益低，所以苑庄村大多数农民逐渐改棉田为麦地和玉米地。20世纪90年代末，伴随王晓菲长大的棉花地开始逐年缩减面积，洁白柔软的棉花园逐渐变成金黄的麦田。

棉花园曾经丰盈了王晓菲的童年，麦子却击碎了她的天真烂漫。

时光荏苒，王晓菲告别童年步入青春期。

1998年的春末夏初，体质虚弱的刘俊荣因为劳累过度病倒了。王宪林向单位请假，在医院陪护妻子十几天，医疗费用自不待言。

母康全家暖，母病三子单。

刘俊荣住院期间，王晓菲的姥姥过来帮忙照看孩子，多年来整洁的屋舍变得杂乱，以往欢乐的家庭氛围充斥着忧伤与不安。刘俊荣出院后，王晓菲的表姐静静来帮忙料理家务。每天吃完晚饭，静静姐就把大颗的中药丸搓成一个个小颗粒喂到刘俊荣口中。刘俊荣靠在床头，脸色苍白，喘着粗气，费力地咀嚼吞咽小药粒，嘴角流出棕褐色的口水。闻起来呛鼻的苦药，刘俊荣足足服用了一个月。

王晓菲无助地哭了。以前，她认为聪明利落的母亲无所不能，眼前母亲憔悴的样子，让她懂得了以后不能像小时候那样任性撒娇了……

当时恰逢麦收季节，刘俊荣不能下地干重活儿。可抢收麦子就是需趁着天晴从"龙王嘴里夺食",如果拖延时日老天降雨,麦子的收成就要打折扣。王晓菲的叔叔婶婶都赶来做帮手。王宪林刚停下收割机就进麦场,摊场之后追着碾场,恨不得会分身术把活儿一股劲儿拾掇完。多一个人干活儿就多一份劳力,在父亲眼里,王晓菲也该分担家务了!

日上三竿,王宪林从麦场赶回家,看见王晓菲还躺在床上,不耐烦地喊道:"晓菲,起来!快起来,干活儿去!"喊了两次,王晓菲都纹丝不动。王宪林大步跨到床边,"啪、啪"两巴掌扇到王晓菲的屁股上。

父亲第一次动手打她,王晓菲一骨碌爬起来,在父亲的怒视下,像只小兔子似的逃到麦场去了。

麦场里的人们手持桑杈,把脱过皮的麦粒向高处扬。俗话说:"会扬场的一条线,不会扬场的一大片。"有经验的农民们把麦子挥扬得像甩戏袖似的直上直下。王晓菲站在不远处,飘落的麦糠沾到她身上,刺痒难忍。她的身高还不及桑杈,就抱着大扫帚,在拖拉机碾过的地方,把麦壳扫到外边去。不一会儿,指甲里就积满灰尘,手掌也被磨得火辣辣的。

麦秸要装车运走,拖拉机下面的人要把一捆捆麦秸搬上车,王晓菲在车子上来回踩踏,一脚一脚,一点儿一点儿地把麦秸压实,使每趟车的运载量最大化。麦秸拉到自家附近再堆成蒙古包式的麦秸垛,日后的用途广泛着呢!

到了晚上,王晓菲筋疲力尽,趔趄着走进家门,往床上一歪,倒头便睡。

她跟在长辈后面仅做些散活儿就"不堪重负"。在农村,一年四季，像收麦子这样的农事从未间断。柔弱的母亲已经在庄稼地里耕耘了大半生！吃苦耐劳的父亲，贤惠能干的母亲，他们勤劳谦和，共同撑起一个衣食无忧的小家，多么不易！

颗颗饱满的麦粒，皆饱含着"担当"二字的沉重！

那一年，王晓菲十三岁。她的青春伊始，如同破石生长的毛竹，在逆境中体会到生存的艰辛。

曾经顽皮任性的小女孩儿长大了，勤奋明理，正直诚信。

清代陈宏谋的《养正遗规》序言中训诫世人：毋轻小节，毋骛速成，循循规矩。

王晓菲的父母用质朴的方式教育女儿做人的道理，恰与中华民族传统美德相契合。

 第三章　书生意气

恩师授之以渔

苑庄村小学校园内有两间灰白色的水泥教室，四周盖有一圈红砖围墙，操场地面坑坑洼洼的。全校一至四年级的学生总共不足一百名，分坐在两个教室里，由两名老师一人带一个班级，教语文、数学、自然、体育等所有课程。

王晓菲从七岁到十岁就是在这所学校读书的。

学生没有课外阅读书籍，不会写作文，语文老师就想方设法搜寻资料，把读到的优美句段写在黑板上，让学生们摘抄下去，并要求熟读成诵。有一句话王晓菲记忆犹新，老师在教室前领读："葵花向着太阳转，我们小学生的心永远向着共产党。"学生们摇头晃脑地大声跟读。这位男老师，借用生动形象的文字滋养乡村孩子们的心灵。老师是外村的，喜欢拉二胡，课间会拉上一小段，有些沉醉之意。他中午不回家，就在办公室里独享他的音乐，有点儿凄凉。王晓菲一直保留着背诵好词好句的习惯，工作后以劳模、人大代表的身份上台演讲或者做报告时，经常引用平日积累的名言警句，为语言的表达平添了感染力。

一名老师不经意间会成为学生们的偶像。

王晓菲上三年级时，班级新来一位二十多岁的女老师。这位刚走出大学校门的数学老师身材窈窕，讲算术题时吐字清晰，板书工整潇洒。她是学校里唯一的女教师，言行举止落落大方，高雅的气质让她与村里的女性截然不同。王晓菲羡慕地凝视着老师，痴痴地梦想着自己以后也要读大学，当一名数学老师。

> 小时候我以为你很美丽
> 领着一群小鸟飞来飞去
> 小时候我以为你很神气
> 说上一句话也惊天动地
> 长大后我就成了你
> 才知道那间教室
> 放飞的是希望
> 守巢的总是你[①]

一间乡村简陋的教室，一个嗜书的农家女孩儿，萌生出一个梦想，历久弥香。

五、六年级时，王晓菲要到丁庄镇上的小学读书。她每天骑自行车从苑庄村出发，经过夹杂着碎石子的土路，半小时左右可以抵达学校，如果遇到雨雪天气，泥泞路滑，骑得会更慢些。

王晓菲最喜欢的是数学。可五年级时，数学科目中的应用题却成为她难解的"疙瘩"，做海量的试题也无济于事。六年级时新来了一位教数学的金老师，教学别具风格。课前先让每位同学说出自

[①] 出自歌曲《长大后我就成了你》。

⊙ 1998年6月，十三岁的王晓菲（后排左一）小学六年级与同学合影留念

已有哪些类型的题目没弄明白，她根据学情归纳出“通病”，再深入分析“个案”，备课时“对症下药”设计教学方法，使学生们拨开云雾见真谛。

一块草地，10头牛20天可以把草吃完，15头牛10天可以把草吃完，问多少头牛5天可以把草吃完。这类“牛吃草”题目困扰了王晓菲许久，做题时总是毫无头绪。

金老师不直接列出完整的算式，而是分析这类题型的关键点在于要考虑草边吃边长的动态因素。然后用四步公式，一步步运算出草的生长速度、原有草量、吃的天数、牛的数量。

听完老师细致的讲解，王晓菲茅塞顿开，再碰到同类问题都能迎刃而解。

金老师教授的解题方法对王晓菲后来中学的理科学习大有帮助。

循循善诱的教师们任劳任怨地“搭石铺路”，引领乡村的孩子们步入知识的殿堂。

王宪林和刘俊荣严格要求女儿德、智、体全面发展，思想上要向团组织靠拢。王晓菲刚升入初中，父母就建议她申请加入共青团。刘俊荣知书达礼，王晓菲上初二时，在母亲的指导下写了入团申请书并及时上交给班主任，最终成为学校里屈指可数的共青团员之一。

学校每周一举行升旗仪式。有一次，五星红旗在嘹亮的国歌声中冉冉升起，王晓菲作为优秀团员，在国旗下发言，与同学们分享学习和成长进步的心得。王晓菲第一次在公众场合讲话，声音通过话筒传遍校园，自豪感油然而生。

⊙ 2001年5月，王晓菲（右一）初中毕业时与同学合影

若干年后，事业有成的王晓菲，由衷地感谢老师和父母培育了她求知进取、勇敢无畏的可贵品质，坚韧不屈的性格，这些品质和性格决定了她的命运。

王晓菲积极地面对学业的选择、纺织行业的发展，乐观地处理家庭生活的琐碎，在人生旅途中成就了自己。

无怨无悔择技校

初中三年，王晓菲住校，每天早晨5点30分准时起床、跑操、上早自习，直到晚上9点下晚自习。"书卷多情似故人，晨昏忧乐每相亲。眼前直下三千字，胸次全无一点尘。"她心无杂念，憧憬着读高中考大学，长大后做一名有文化的女教师。

2001年7月，王晓菲从丁庄中学顺利考上陵县一中（现为陵城一中）。考取这所学校的同学都欢呼雀跃，家长也喜不自胜。在这所重点高中读书，意味着一只脚已经踏进了梦寐以求的大学！

可王晓菲喜忧参半，因为她不能像其他同学那样无所顾忌地去读书了。两个哥哥打小对她疼爱有加，兄妹三人手足情深。他们一起爬树嬉戏的童年仿佛就在昨天，无奈的现实却已迫在眉睫。大哥正在筹备婚礼，准备盖新房，需要花费一大笔钱；二哥读高中，每年学费也不少。如果王晓菲再读高中，父母就会被经济压力拖垮。

王晓菲又去报考了德州市的德棉纺织技校，一千多个学生报名，录取二百人。

王晓菲最终榜上有名。

读高中，还是上技校？十六岁的王晓菲面对人生的第一次重要选择。

读高中，三年后考大学，大学四年后再找工作。

上技校，两年后直接分配到国棉厂工作，有个"铁饭碗"，可以挣工资补贴家用，为父母分忧。

前一条路竞争激烈，若能如愿以偿，王晓菲就是村庄里飞出的"金凤凰"，实现儿时的梦想。后一条路省时省钱，却很可能一辈子只做个工人……

刘俊荣支持王晓菲读书："晓菲，读高中吧，再难也要读。"

王宪林担心如果不让女儿读高中，女儿长大后会埋怨他们。

在人生关键的十字路口，王宪林让女儿自己做决定。王宪林开车，王晓菲坐后座，父女俩绕陵县一中、技校、国棉厂参观了一圈。

王晓菲看见国棉厂很大。

王宪林建议道："孩子，是金子在哪儿都能发光。假如读完高中考不上大学还得去打工，还不如上技校，在国棉厂工作，可以依靠企业进一步学习提高。"

王晓菲体谅父母的艰难，决定接受父亲的建议，向现实妥协，放弃斑斓的大学梦。读技校对于成绩优异的王晓菲看似值得惋惜，但是与棉纺行业结缘，却让她在技术岗位上，活出了精彩纷呈的人生，更令许多大学生刮目相看。

王晓菲选择技校不只是想要一份现成的工作，学到知识掌握本

⊙ 2001年10月，十六岁的王晓菲（后排左一）在纺织技校军训留念

领才是她的目的。确切地说，她读书不是为了某种功利性的需求，而是因为喜欢读书而读书，她不愿意输给读高中的同学。

德棉纺织技校的纺织学专业课程具有很强的针对性与实用性。比如，棉纺基础这门课主要学习棉纺、原料、粗纱、细纱、后加工等基础知识。王晓菲从这门课里知道了我国的三大棉花产地分别是新疆棉区、黄河流域棉区和长江流域棉区。山东属于黄河流域棉产区，是传统的棉花产业经济大省，也是传统的纺织大省。棉花是一种喜光作物，根据棉纤维长、粗、细程度的不同，将棉纤维分为长绒棉、细绒棉和粗绒棉三大类。由于新疆的气候、光照、降水、地势等都非常适合棉花生长，产出的棉花主要是品质上乘的长绒棉，不管是纤维长度、强度，还是色泽、异纤等都要比其他产区的棉花更有优势。

机械制图课程主要是让学生们了解岗位中常用的工程图样。教材包括画机用吊钩平面图形、画轴承座三视图、机械常用标准件的画法等七部分内容，对了解纺纱机的组成有非常实际的作用。这门课涉及错综复杂的几何图形，许多女同学望而生畏，王晓菲却乐在其中。各种图形组合排列在一起，像一幅藏宝图，吸引着王晓菲去探索其中的奥妙。一位年长的老师教这门课经验丰富，讲解如抽丝剥茧，细致入微。王晓菲一边观察老师在黑板上层次清晰地画图，一边"胸有成图"，还想象着把图案画到本子上。为了让学生更好地理解书本中抽象的图示，任课老师时常带领学生去棉纺厂车间参观，熟悉车间环境。

技校的大院子里挂着"向全国劳动模范段月英同志学习"的横幅。老师介绍说，段月英是国棉厂的工人，多次参加技能大赛获得第一名，而且打破了全省纪录。老师殷切地叮嘱学生们要向她学习。

每次技校安排学生去车间参观，王晓菲都会带着一个笔记本，这个本子上记的都是她对书本内容一知半解的疑点。到了车间，她会拿出本子对照纺纱机、织布机检查每个零件的运转作用，实在想不明白的就向旁边的老师傅虚心请教。机械制图知识是进行设备安装和改造必不可少的理论基础。王晓菲一点一滴地为自己的前途铸造着知识的"万能钥匙"。

王晓菲兴奋地为自己贴上"纺织工人"的标签，脑海中打出一连串的问号：从棉花地里采摘的棉花，是如何被纺成纱、和成线、织成布的？透气的绵绸、五颜六色的毛衣、冰滑的丝绸，它们的加工过程有什么区别？工厂里有机器，那么工人具体做些什么呢？

每进车间一次，之前的问号就减少一个，新的问号又打出来。她初步了解到棉纺厂内分为若干个车间，工人基本是流水线操作。前纺车间的主要任务是清除棉花中的杂质，并把原棉制成棉卷，分为开棉、清棉、混棉、成卷几个步骤，还有细纱车间、络筒车间、织布车间等，每个车间又分成几个流程。织成的布运输到服装厂，再设计成款式多样的服饰。如果没有纺织工人，富丽堂皇的商场里哪来琳琅满目的服装！纺织工人真了不起！

期末考试成绩出来后，班级的同学争相传阅试卷，夸奖声、叹气声、戏谑声交织在一起。王晓菲安静地坐在座位上，学习委员刘建华俯身揉揉眼睛，难以置信地赞叹道："一位女同学，机械制图竟然能得100分！"同学们都佩服王晓菲聪明，却忽视了她付出的心血。

　　王晓菲不负韶华，用亮丽的花季遨游在纺织学专业知识的海洋中，行走在"神秘"的车间里。

　　2003年7月读完技校，她的阵地从大院子里的技校教学楼转移到德棉股份有限公司的细纱车间。

　　首先是三个月的实习期，无硬性任务指标。她跟着师傅学习接头、换包粗纱的操作。因为上学期间学习过纺纱设备原理，而且多次到车间参观实践，王晓菲对挡车工的岗位比较熟悉，上岗后很快便适应了车间的环境和工作节奏。时值暑热节气，王晓菲在车间内工作时挥汗如雨。

　　实习是从单纯的理论学习到完全独立上岗的过渡期，王晓菲虽然感觉到工作疲惫，偶尔也想过离开，可是想起选择这里的初衷，便打消了辞职的念头。同批进厂的一些同事，忍受不了工作的辛苦，辞职后和那些没读完初中的青年一起，到沿海城市打工去了。

　　王晓菲熬过了炎热的夏季，10月份独立顶岗，成为一名真正的细纱挡车工。她在两三台高速运转的机子前手忙脚乱地应付着，一台机子上的一根线头还没接好，另外一台机子上的线头又断掉，刚换下这台机器的粗纱，另外几台机器上的粗纱又空了……双手双脚分秒不能停歇。即使再眼疾手快，毕竟不够熟练，常常顾此失彼。奔波了一整天，还不够被检查员扣分的呢！

　　几天下来，娇嫩的双手被划得血迹斑斑。王晓菲偷偷地哭了，她想起十三岁那年在麦场干农活儿的辛苦，可是纺织工人的辛苦比其有过之而无不及！

　　她天天计算着发工资的日子，这是唯一支撑王晓菲继续工作下去的动力。前几个月发工资的一刻，疲惫仿佛退去了大半。可是，渐渐地，较高的劳动强度使王晓菲心力接近透支。难道要一辈子过这种陀螺般的生活？！她想放弃这份"纤夫"似的体力活儿。

"外面的世界很精彩，外面的世界很无奈。"齐秦的歌唱出了"80后"在改革开放的时代背景下经历的矛盾人生。

王晓菲不是个幸运儿，出生在普通的农民家庭；王晓菲又是非常幸运的，有一位远见卓识的父亲。如前文所述，当王晓菲和父母提及辞职的想法时，父亲用恰当的方式帮助女儿转变心态，做出了安于本职工作的选择。

没有一份工作是轻松的，没有人可以坐享其成。王晓菲凭借坚韧不拔的毅力：从一名技校生攀缘至行业技术的巅峰。

众里寻他千百度，蓦然回首，那人却在，灯火阑珊处。

绚烂之后归于平淡。王晓菲从"高人一等"的领奖台返回国棉厂的车间，仍然是一名技术工人。不同以往的是，身为蓝领状元，她要对技术精益求精，为同事、同行做表率，而且要谨防荣誉的光环侵蚀掉追求卓越的激情。

人处于困境时努力上进竭力抗争，也许是因为情势所迫；那么在成功之后，仍然坚持不懈地超越自我，这样的人应该是更具有"不负此生"的坚定信念和理想追求。

从此，王晓菲不断地为她的信仰践行出丰厚多元的诠释。

⊙ 2003年7月，十八岁的王晓菲（右）刚进车间时学习操作

⊙ 2008年10月，王晓菲获得技能大赛冠军后爬长城

第四章　双峰驼的日子

业余进修升学历

　　王晓菲在岗位上务实地积累工作经验，两年的时间便从学徒成了师傅。2005年到2010年，她每个班次带两三个学徒。可是，学成之后的员工能留下来的很少。

　　王晓菲回忆道："棉纺厂也在一直尽力地改善硬件设施。2005年，国棉厂新建了一间厂房，配备了先进的纱锭设备。原来的一台细纱机有480锭，新安装的一台细纱机是1080锭，相当于两台多旧式短机。新设备装有刹锭器。机器运转过程中，管纱断头，挡车工就要拔管纱接头。老款机子，人工直接拔管纱容易磨烫伤手。使用新设备，在拔管纱前，把刹锭器抬起，锭子就停止转动，拔管纱简便安全。提花织机也是从国外进口的。虽然新厂房的条件稍好，但是挡车工的劳动强度并无降低。"

　　2008年初，已经订婚的王晓菲眼看快要结婚了，朝思暮想的全国大赛却迟迟未到，持续的高强度劳动让她动了跳槽的心思。不过，此时的她不再像刚走上社会那时意气用事，盲目地想"随波逐流"，和身边的女同事、朋友一样去打工了。工作岗位上的王晓菲理性地认识到"一行一分才"，专业的学识是融入行业圈的前提条件。

王晓菲与家人商量:"我想读书,中央广播电视大学①在我们单位定点教学,利用业余时间上课很方便。以后还能多条出路。"

王宪林和刘俊荣赞同王晓菲的想法,并慷慨地支持了她一部分学费。

与高中擦肩而过,失去考大学的机缘,是王晓菲的心中难以愈合的伤痛。一成不变的日子让她更加渴望读书,犹如囚鸟渴望自由,她亟需精神食粮充实即将枯萎的心灵。

校园是莘莘学子求知的世外桃源,一旦离开学校,闲适的学习都是一种奢望。"不甘落后"的倔强促使她想要摄取新知识来武装头脑。

王晓菲读大学了,选择了感兴趣的会计专业。尽管不是全日制的大学,但是毕业后可以拿到大专文凭,学历也会往上攀升一个台阶。

工作仍旧是三班倒。王晓菲平时只有在上中班之前和下夜班之后才有时间到教室听课。夜班从零点上到清早8点,通宵达旦的劳作使双眼肿胀干涩,走出车间的刹那看见阳光,眼珠像被针尖划过般刺痛,眼角流出的仿佛是滚烫的血泪。王晓菲来不及吃早餐,也无暇顾及身体的疲乏,从车间出来直奔大院子里的教学楼,踩着上课铃响进教室。

课堂上,她忍不住地打瞌睡,眼皮打架,下巴磕到桌子上才恍惚地醒过来。墙顶太高,头悬梁不可行,那就"站立听"吧!"一寸光阴一寸金",站着听课不易犯困,这样就不会错过宝贵的课堂

---

① 现更名为国家开放大学。

时间了。为了能听清楚老师的讲课内容，为了不挡住后面同学的视线，王晓菲特意挑选第一排靠墙的座位，一举两得。

学习知识不可能一蹴而就。王晓菲的时间不充裕，遇到一时解决不了的难题，就千方百计地补救。总之，不达融会贯通之境决不罢休！

会计电算化这门课要求学生会使用计算机中的会计软件完成会计工作。王晓菲接触计算机的机会少，对软件特别陌生，所以当堂很难消化一些信息技术应用方法。如果一堂课一堂课稀里糊涂地混过去，就等于放弃了这门课，与求学宗旨背道而驰。怎么办呢？王晓菲买来一台小录音机，上课时老师讲到重点章节，她就按下录音键，把课程内容录下来，回到宿舍反复回放，对照着书本逐字逐句地推敲，实在钻研不透的地方，等到下次上课再请教老师。

在求知的"长征"路上，她勤学善思，享受着豁然开朗的乐趣。

王晓菲废寝忘食地攻读了两年半，修完了会计学原理基础、财务会计、经济法、高等数学等三年制的学业。

2011年7月，王晓菲获得了中央广播电视大学会计专业大专文凭，为以后继续本科学习，做一名企业管理者打下了基础。

青梅竹马结伉俪

转眼，王晓菲到了谈婚论嫁的年龄。父亲王宪林处处留心，想为女儿物色一位忠厚的夫婿。

王家与邻村的闫家是世交。每年过年，王晓菲的哥哥都会带着节礼去闫家拜年，闫家的儿子闫玉虎也会代表他们家人来王家送上新春的祝福。

2007年夏季，王宪林在一位亲戚家举办的酒席上与闫父同桌用餐，觥筹交错之间，聊起闫玉虎和王晓菲，一个未娶一个未嫁。

王晓菲在丁庄镇上读五年级和六年级时与闫玉虎是同窗。那时，他俩一个是老师们的得意门生，一心只读圣贤书，另一个却两耳只闻窗外事，隔三岔五被老师罚站，两人从未正视过对方。

闫玉虎初中毕业后，闫家换成他的哥哥来王家贺岁。自那时起，王晓菲就没有再见过这位老同学。

王晓菲的二姨当媒人，说定让两个孩子相亲，懂事孝顺的王晓菲听从了长辈们的安排。在王晓菲心里，他们考虑问题周全，目光长远。

> 记得那时我们年纪小，
> 一个爱读书一个爱闹，
> 鸟在树梢蛐蛐在叫，
> 不知不觉长大了，
> 村里花落知多少。

阔别四年，当他们重逢时，眼前的男人让王晓菲莫名地有种安全感。当年调皮捣蛋、隔三岔五被罚站的"瘦猴"不见了，眼前的闫玉虎长高了，身材魁梧，沉稳持重。

　　一个清纯可人，一个健壮阳光；一个争强好胜，一个温和敦厚。青梅竹马的友谊迅速发酵成爱情。两个月后，他们订下婚约。

　　儿女情长与个人事业的天平，王晓菲倾向于后者。朦胧的梦想牵引着她自持自律。

　　全国细纱工技能大赛日渐临近。王晓菲每天练兵近十个小时，她的技能水平在国棉厂已经遥遥领先。但是，她的竞争对手不是国棉厂、山东省的选手，而是全国的顶尖高手。她自己毫不懈怠，并且劝导徒弟们也要勤于进取。

　　"我得了冠军！"大赛成绩公布之后，王晓菲打通闫玉虎的电话。

　　"怎么样？！我是你的福星吧。"恋人的声音飞越两百公里的距离，直抵王晓菲的心扉。

　　2008年11月，王晓菲和闫玉虎在亲朋好友的祝福声中结为伉俪。

　　闫玉虎全心全意地支持爱妻的梦想。

　　王晓菲志向不改，每天不辞辛劳地工作，钻研新技术，不上班的时间就学习电大课程。她不愿重复苑庄村祖祖辈辈妇女们一生囿于家庭的命运。

　　他们买了一辆电动车。只要时间允许，不论白班夜班，闫玉虎都会接送王晓菲。看到妻子疲惫地从国棉厂大门走出来，闫玉虎充满怜爱之情，新婚燕尔，夫妻俩在冰天雪地的世界里，紧紧依偎逆风前行。

　　每天，闫玉虎下班回到家就系上围裙，锅碗瓢盆油盐酱醋地忙活。端上餐桌的菜，有的色香味俱全，有的味道实在一般。王晓菲

⊙ 2008年12月，王晓菲与爱人闫玉虎爬泰山

看得出，丈夫是炉灶边的新手，但是他满怀爱意，想让妻子在寒冷的冬天吃上一顿热气腾腾的饭菜。所以，不管饭菜品相怎样，王晓菲从不埋怨。

"真香啊！"王晓菲啧啧地称赞着青椒炒鸡蛋这道家常菜，说着给爱人夹了一大块鸡蛋，上面可能会有一小撮没化开的盐疙瘩……结婚十几年后，王晓菲能够熟练地做出家常便饭，可孩子们还是爱吃爸爸做的"山珍海味"。妻子最爱喝丈夫做的砂锅红枣银耳汤和健脾胃的鲫鱼豆腐汤。两个属牛的人，相濡以沫，经营着甜蜜的小家。

虽然身为"蓝领状元"，但王晓菲拒绝故步自封。在车间，为了不中断研究创新点，她忽略下班时间，或者与别人换班连续上两个班次。闫玉虎料理好家庭后勤杂务，"二人世界"时如此，后来"三人、四人小家"亦如是。

2009年，他们在德州市区拥有了属于自己的房子。

2011年正月，窗外烟花如梦似幻，屋内红灯笼罩。王晓菲的第一个女儿闫译丹降生了。闫玉虎只有一个哥哥，哥哥家生有一个儿子，丹丹成为家族里娇贵的"葱花"。

三班倒的日子结束了。

五个半月的产假，王晓菲沉浸在爱与被爱的暖巢中，日子平静、安宁。

王晓菲返岗后改为只上白班。

车间闷热，流出的奶水粘住衣服，容易引起乳汁淤积堵塞，进而引起发烧。婆婆安慰王晓菲放心上班，胀奶时用吸奶器吸一吸，下班再给孩子喂奶。婆婆与爱人一起悉心照顾孩子，令王晓菲无后顾之忧。

又一年鞭炮声响起。译丹一周岁了。

婆婆与夫妻二人商量："译丹吃饭挺好的，你们俩上班都忙。我把孩子带回老家吧，也能给孩子的爷爷做饭，正好把奶断了。"

王晓菲哭了。儿时母亲重病，她无助地哭过；这次与女儿分离，她无奈地落泪。家庭、单位的多重角色，不像小时候过家家那么容易扮演了。

王晓菲和闫玉虎每天叨咕着周末快点儿到来，好回老家看望孩子；译丹同样盼望爸妈能来接她去市区逛公园，到儿童乐园玩各种游戏。

盼望着，盼望着，团聚的日子终于到了。

王晓菲道出心愿："妈，译丹两岁半了，够年龄上棉纺厂的幼儿园了，我可以每天上下班捎着孩子。"

国棉厂自建厂以来，陆续兴办并不断完善了托儿所、中小学校、医院等配套福利设施，职工子弟享有入托、上学、就医的便利。

婆婆理解儿媳妇想念孩子。虽然舍不得小孙女离开，但还是通情达理地将孙女送回到王晓菲身边。

译丹在棉纺厂度过了半年的幼儿园时光。

天籁般的童音朝夕入耳："妈——妈——，妈——妈——"

柔情万种的母亲不厌其烦地答应着："哎——，哎——"

王晓菲像匹沙漠中的双峰驼，扛起事业与家庭的两座高峰。

 第五章　先锋代表人物

载誉回归公司

全国棉纺织行业细纱工大赛领奖台成为王晓菲人生的分水岭。

获奖之前，她如一支沙漠中的细流，悄无声息地踽踽而行；获奖之后，这股细流融入河川，淙淙汩汩，奔流向前。

王晓菲从石家庄的赛场载誉而归，成为公司的焦点人物。

其他车间的年轻同事也跑到细纱车间来见识一下王晓菲的模样。

饮水思源。王晓菲感激地说："企业是座好学校，领导是好老师，我的成功离不开公司的培养。"

国棉厂作为山东纺织行业的一面旗帜，在管理制度上对建设纪律严、技术精、作风好、觉悟高的职工队伍有具体的规定。

公司坚持实施为员工修建晋级云梯的举措。

王晓菲刚入职时公司组织活动，安排本厂的职工段月英、任英到车间为基层员工做报告。段月英参加全省棉纺织操作大赛时打破了历史纪录，是2000年的全国劳动模范，当时在全国总工会直属学校读大学。任英则刚从陕西咸阳参加比赛夺得冠军回来。

那时初入职场的王晓菲，虽然觉得台上榜样的成绩遥不可及，但是巾帼英雄们的事迹仍然深深地触动了她的内心，无形中为她未

⊙ 2004年5月，种子队带队老师任英（中间）正在给王晓菲（右一）和同事传授经验

来的工作增添了动力。

企业与员工的命运息息相关，员工依赖企业成长，企业依凭员工发展。

秋风拂过一排排锯齿形厂房，为员工们送来一丝凉爽的气息。

公司召开劳模表彰大会。

王晓菲匆忙地浏览过政工部为她准备的演讲稿后，忐忑不安地上台。

台下三百名统一穿着工作服的员工烘托出一方沁人心脾的普蓝色。

众目睽睽之下，王晓菲面红耳赤、唇干舌僵地读完整篇稿件，才缓缓地抬起头。她看到领导和同事们都在微笑着为她喝彩；指导她的刘老师获得"优秀教练员"的荣誉称号，正手捧鲜花向她竖起大拇指。

热闹的大会上，有谁洞见埋藏在她心底的哀愁？

王晓菲泪眼婆娑。鲜花和掌声掩盖了青涩，唤醒了隐匿多年的自信！在经济条件有限的农村家庭长大，退而求其次读技校，日夜颠倒上班的经历，刹那间全部转化成宝贵的经历，增加了人生的厚度。

公司奖励了王晓菲一台笔记本电脑和一万元奖金，并搭台指导王晓菲进各个车间与一线员工分享她的奋斗历程。

在染纱车间的报告台上，正在做分享的王晓菲无意间"扫描"到一位技校的老同学，背好的"台词"在熟人面前突然忘到九霄云外，空气凝固了半分钟，她呆在原地手足无措。

一位领导招招手说："晓菲，放松，慢慢讲。"

老同学赵娜从座位上站起来用力鼓掌，并喊道："晓菲，你是最优秀的，是我们的偶像！"

其余的同事也跟着鼓掌，"你讲得很好，我们都被你的故事打动了！"

在大家的鼓励下，王晓菲干脆放弃之前准备好的分享内容，真诚地吐露比赛过程中内心的恐惧：要克服环境的陌生感；裁判员与运动员的比例是3∶1，裁判们公正无私，眼神犀利地监测每位选手的一举一动；竞争对手的实力相当，在比赛过程中稍有失误，可能就会与奖牌失之交臂……

数年如一日的苦练，胜负决定在毫秒间。赛场上的选手们如何举重若轻?

车间的姐妹们感同身受。

有的同事流着泪说："仿佛自己在赛场一样。"

事实上，同事们最终肯定的还是王晓菲持之以恒的进取心，纷纷表示要向她学习。

沉寂多年的工厂焕发出生机与活力。

曾经的孤军奋战为王晓菲赢得了三尺明朗的空间。从此，似水流年向阳而生。

劳动节的褒奖

我国是世界上纺织品生产和出口大国，纺织行业的持续发展对于扩大就业岗位，特别是女性就业，促进国际贸易往来有着至关重要的作用。钢铁业、煤炭业、机械制造业、纺织服装业等我国传统产业基本属于劳动密集型行业，企业的生产主要依靠工人的体力劳作。因此，广大工人唱响着经济建设的主旋律。国家每年从各行各业中评选出先进集体和个人，以激励本行业工人以更大的热情助推国家事业的发展。

2009年，中华人民共和国成立60周年。王晓菲在这一年获得了全国五一劳动奖章。

4月底，王晓菲在公司两位领导的陪同下从德州出发前往繁华的上海参加颁奖典礼。她第一次乘坐火车，一夜无眠，坐在卧铺车厢的窗边，沿途在本子上记下火车停靠的每个城市名。其中一位领导毕业于中国纺织大学（现为东华大学），十分怀念上海。王晓菲在黄浦区领完奖后，三人散步来到外滩。高耸入云的东方明珠矗立在黄浦江边，四周大厦林立，车水马龙，现代化城市的经济脉搏如滔滔江水奔涌不休！大上海开阔了王晓菲的眼界，无论个人的学识还是地处德州这座小城的国棉厂，都应需要走上快速发展之路！

⊙ 2012年，二十七岁的王晓菲在车间查看粗纱转动情况

王晓菲回到德州之后，德棉电视台的记者来采访。当记者了解到父母对她成长的帮助时，临时决定第二天去她家里采访。王晓菲打电话告诉父母这个消息后，他们按捺不住激动，"紧锣密鼓"地收拾房间。

次日早晨，一行人前往苑庄村，王晓菲坐在车子前排指路。到了村口，记者们特意下车去向村民们打听王晓菲。

一位记者来到一群老人跟前，问道："老大爷，你们好！请问你们知道咱们村的王晓菲吗？"

几位老大爷面面相觑，诧异地问："王晓菲是谁？你说的是小飞吗？"

"应该是吧。她在国棉厂上班，可厉害了，获得了全国五一劳动奖章呢！"

老大爷会意地笑了，用德州方言答道："嗨，知道！那老头就是她爷爷。"他们指着不远处的一位老年人。

王晓菲在车里笑了，乡邻记得的永远是童年时期调皮的"小飞"。

苑庄村是王晓菲的故乡，村庄里的棉花园、麦地、丁东水库，都是她生命中的一部分。无论多大年纪，取得怎样的成绩，回到这块乡土，她就能找回最初的自己。她喜欢听村里的长辈们像亲人一样喊她的小名——小飞。

记者们搀扶着爷爷上了车。一车人说笑着到了王晓菲的家门口。

王宪林和刘俊荣在门口热情迎接。

大家到屋里坐下后，记者问王宪林："你们用什么方法教育孩子，把她培养得那么优秀？"

"孩子取得这样的成绩，我们也没想到，这肯定跟公司的培养和领导的支持是分不开的。"

王宪林凝视着王晓菲，说道："我们感到欣慰的是，孩子能够坚持不懈，没有辜负我们的养育和公司的培养。"

王晓菲继承了父母的勤劳与坚韧。从懂得生计艰难的那一刻起，她就明白"谨身节用，以养父母"的道理，身体力行着做女儿的孝道。

记者说："晓菲，跟妈妈拥抱下吧。"

王晓菲不善于表达感情，成年后第一次拥抱挚爱的母亲，泪雨连珠。母亲理解女儿的不易，为女儿感到骄傲。

"小飞"光耀门楣，邻居们都夸赞王宪林和刘俊荣教子有方。

人堆里经常有人问爷爷："哎，王老头儿，镜头对着你光彩不？"

爷爷有点儿不好意思地说："孙女给咱争脸啦，老脸上有光啊！"

王晓菲能取得今天的成绩，父亲王宪林在关键时刻的引导功不可没，事实也证明了当初选择技校、坚持在国棉厂工作是正确的。

一颗红心向党

父亲王宪林一直以身为党员为荣，他经常给女儿王晓菲讲述自己成为党员的过程："我年轻的时候做什么事情都抢在前面。农村供销合作社负责购销村民的生产和生活用品。我在供销社当司机，常年早出晚归，开着大货车到镇上、市里拉货，车厢里装着电视机、自行车、棉被、衣服、水瓶、铁锅、瓷碗等值钱的东西。不管白天黑夜，晴天雨天，大路小道，我都把车开得稳稳的。货车发出的呜呜、嗖嗖、嘎吱等各种聒噪声，比啦啦队的喝彩还能鼓舞士气。你想想，车上那么多物件，如果有点儿闪失，翻了车，那损失不是太大了吗？党把这么重要的事情交给我做，是对我的信任，做不好，怎么对得起党？那么多年，我开车是零失误！没少拉一样货物，没弄坏一样东西。领导们对我的评价都不孬。还有，公社里要求交公粮，那时候人穷得吃不上饭，很多人不愿意交，我在粮油管理所工作，打头阵领着家人去交粮食，村民们就跟着我们老老实实地服从村干部的指令。因为干什么事情都主动，认认真真地把事情办好，所以村里很快就批准了我的入党申请发展我为党员。一个村只有几个党员而已，村里有重要任务都分派给党员们去做。"

党员是敢为人先、鞠躬尽瘁的代名词。

王宪林曾经是陵城区第十八届人大代表。当时村民大多是文盲，王宪林主动找村民谈话，将他们反映的问题随时记录在笔记本上，在人大代表会议上替农民发言。身教胜于言传。王宪林的作风启发了王晓菲的人文情怀——热情服务，关怀他人。

王宪林在乡村里有很高的威信，退休之前，乡镇领导找他担任村支书，他走马上任，恪尽职守，指出一些干部的错处。刘俊荣担心长此以往会得罪人，一直劝说丈夫卸任让贤。王晓菲的性格有些像父亲，遇见不公平的事儿好打抱不平，虽然后来随着年龄的增长处事较以前圆通了一些，但是对于重要的事情依然能坚持原则。

父亲正直严谨的形象让王晓菲从小就对中国共产党怀有崇高的敬意。

王晓菲刚满十八岁时就想像父亲一样加入中国共产党，只是当时没有做出成绩，认为自己还没有达到党员标准，所以一直没有提交入党申请书。直到她参加山东省选拔赛获得名次后，再加上车间轮班长对她的鼓励，她才有了底气。

父亲是王晓菲人生之旅明亮的灯塔；恩师是她光明前途的无私引导者。

受到班长鼓励的当晚，王晓菲回到宿舍挑灯夜战，将从小对党的敬仰之情，对党组织的向往一吐为快，入党申请书一气呵成，第二天就上交给了党组织。

王晓菲完成全国比赛任务归来之后，参加了市直机关工委组织的入党积极分子培训班，认真学习了发展党员程序、党章、党风廉政建设等内容。公司党组织经常找王晓菲谈话，了解她的思

⊙ 2020年1月，王宪林（左）作为陵城区人大代表，王晓菲（右）作为全国人大代表，父女俩共同出席会议

想动态和工作表现。

车间里的王晓菲仍旧是一名做接、拉、捻、掐等操作的挡车工，与之前迥异的是，手指的疼痛感早已变成了判断纱线质量的亲切感。

王晓菲热切地期盼党组织的消息。

经过党组织的培养和考察，王晓菲终于成为一名预备党员。在预备党员的培训课上，王晓菲像对待专业课一样听课做笔记，完成习题。通过学习党的章程，她更深刻地理解了党员要为人民服务的宗旨。

一年后，她的入党材料上加盖了负责部门的红印章。王晓菲的档案袋里，添加了几张沉甸甸的人生履历。

2010年7月30日，王晓菲终生难忘。这是她成为一名正式党员的日子。

冠军和党员是过往业绩的印证，但不是一劳永逸的虚席。

王晓菲把每天都当成新的开始，在公司一丝不苟地钻研新技法，铢积寸累，不断为车间、企业、纺织行业创造着巨大的效益。

有一天，王晓菲上中班，晚上8点多，领导把她叫到办公室，"晓菲，跟你说个事。"

"领导，什么事啊？"

"单位要推荐一个党代表，我们商量后一致认为你比较合适。你抽空把这个表填好。"

2012年6月，中国共产党山东省第十次代表大会在济南召开，会议上无记名投票，王晓菲全票通过当选为中国共产党第十八次全国代表大会的代表。

中国共产党全国代表大会每五年举行一次，如何做一名优秀的党代表，才能不负广大党员的重托？

多一个头衔，就多一份义不容辞的责任。她开始新一轮的"补课"，阅读书籍，听网络课程，通过各种渠道学习与党代表相关的知识。

王晓菲深知，党代表的选举过程非常严格，能够当选是党赋予她的使命。

2012年11月8日，中国共产党第十八次全国代表大会在北京人民大会堂隆重开幕。

大会上，王晓菲满腔热忱地领会报告的精神。大会结束后，王晓菲回到山东及时向工友们传达会议精神。

作为党员，王晓菲一边心系国家的宏伟目标，一边情系民生福祉，忠实地为党服务，为民奉献。

至此，王晓菲的生命领域从三尺车间拓宽到广泛的社会层面。郝建秀、段月英、任英等前辈榜样的影响，无声地投射到她的人生轨迹上，绵长深远。

⊙ 上图　2012年11月，王晓菲（右三）向姐妹们介绍党的十八大盛况
⊙ 下图　2013年4月，王晓菲出席共青团山东省第十三次代表大会

第六章　大胆推陈出新

细微处出创意

李欣频在其《十四堂人生创意课》中发表观点："创意是一种生活态度，不是什么高深的技巧。"

如果给王晓菲的工作态度命题，那么"创意"便是纺织题材的核心。接二连三的创意微波，将技改维度辐射至行业的边界。

国棉厂在技术变革日新月异的时代洪流中颠簸沉浮。

王晓菲身为一名挡车工，始终立足技改，载德棉之舟，巧划创新之橹。乘竞争之飓风，破困境之骇浪。

2007年，公司改造"罗卡斯紧密纺"设备，即对细纱机进行改装，希望以此提升纱线强力，减少毛羽，结果试用改装完的细纱机，出现传统接头方法不便操作、断头特别多的情况。工人们必须改良旧技术，来适应新的设备。员工们一开始不考虑与接头有关的"正向"因素，因为传统的操作方法里不允许"斜接"，在原装设备上使用斜接头操作容易造成纱线挡在导纱钩上，影响纱线的毛羽指标，所以大家认为"斜接"与改造"罗卡斯紧密纺"的预想背道而驰。

王晓菲自小听从父母之命，中规中矩地上学、结婚，可在对待工作时，她就不"安分守己"了。在细纱车间，众所周知她肯下苦

⊙ 原纱线正向接头

功夫、善啃"硬骨头"。

两个月的时间，王晓菲像着魔似的"窥探"车间机台零件，穷究"紧密纺"装置的一针一齿，从每道工序上寻找断头的原因以及改进的可能性。

传统一定是不可改变的吗？既然"墨守成规"操之无益，为何不打破常规，从"正向"着手呢？

王晓菲心想：有捷径可走，就不要被老套路束缚。因为前皮辊挨着抵管特别近，所以"抵管正向"操作不方便。纱线区分"S"捻和"Z"捻的工艺，王晓菲利用两种捻法的不同特点，大胆突破传统，使用"S"捻斜线接头。于是，"紧密纺绕皮辊斜接头操作法"诞生了。

实践是检验新技法是否可行的标准。

王晓菲将车间的一些活儿交给徒弟，腾出时间做试验。一台细纱机480个纱锭，正反面各240锭。先将新方法在100个锭子上试用，拔纱之后拿到实验室测试指标。起初，纱线牵伸的定量和倍数效果不好，就让设备人员一次次调整装置，包括喇叭口的位置。指标在多方面的调试过程中得到改善。特别是毛羽指标，已经接近小于2毫米理想指数。

下一步，扩大试验规模。将细纱机的一面240个纱锭投入试用。由于纱锭倾斜，只有238个锭子运转，靠边的两个锭子闲置。斜接头操作之后，在一面机子的不同的定位号上拔纱，拿到实验室检验，检测出车头、中间和车尾的纱锭都能达标之后，就把机子另一面多余的两个锭子取下，在另一面再重复试验，结果都比较理想。"紧密纺绕皮辊斜接头操作法"很快便在改装后的设备上普及使用了。

"一斜胜正",新手法减少50%的接头动作,开车率由50%提高到95%,每班用工由11人减至5人,三个班共减少用工18人,成纱毛羽降低近五成,纱线强力增大10%。一个车间43台车一天可增产1吨多,每年用工成本节约20余万元……

小创意,大效益。"绕皮辊斜接头操作法"突破了传统"正向抵管接头操作法",成为纺纱技术的一大创举。

2008年9月,《棉纺织行业细纱工操作指导》手册中将承袭已久的"正向抵管接头操作法"修订为"绕皮辊斜接头操作法",在全国推广使用。

王晓菲以创意为杖,实践为屐,果敢地继续向技术革新的高峰攀登,不放过任何一个完善细节的可能性。

斜接头操作法的效果显著,但仍有改进的余地。工人的劳动依然繁重,接头速度有待加快,大部分操作员达不到四十秒接十个头的指标要求。

摇架有左右两个纱锭,操作员需要同时处理左右两个接头。员工一般习惯右边的纱锭用右手接头,等右边的接头动作完成后再用右手把左边的线头接上。这样速度特别慢,而且左手没有派上用场。

怎么才能把左手利用起来,保证接头速度呢?

为了减少复杂的中间动作,尝试着用左手做一些辅助工作,右手专做接头动作。左边的纱锭用右手反手接头,左手拔管纱,这样,两只手的操作就连贯起来,接头速度加快,断头率也被控制在正常巡回操作以内,劳动强度大幅度降低,开车率提高至100%。

⊙ 2007年创新操作方法将正向改为斜向

⊙ 右手反手接摇架左边的头

"罗卡斯紧密纺单手接头法"是此前车间一直沿用的操作方法。

更换纱锭，需要"掐头"与"接头"联袂出手。常规棉线柔软易断，将棉线挂在食指指节，大拇指指甲从食指外侧"兹"地把线掐断，"掐头"动作一下就完成了。

后来公司引进氨纶包芯纱，接到纺制氨纶丝的订单。氨纶丝弹力大，耐磨性强，常用来制作泳衣、牛仔服等，手指不好"掐头"，需要用剪刀剪断纱线。操作过程中，剪刀容易割伤皮辊，效率低；操作完后，剪刀放在工作服或者大襟兜里，会捅破衣服，造成人身安全隐患。

王晓菲焦急地跟剪刀"打擂台"。用什么方法能脱离剪刀工具呢？怎么能让氨纶丝跟普通的纱线一样，安全高效地任手指"掐断"？

伸出手掌，氨纶丝线环绕五指前端，拇指、食指、中指，依次弹出，收回；两指拉线，收回，拇指穿线而过；拇指与中指配合捏掐，失败！食指、中指钩线，拇指钩断，失败！……

每一个动作，都要心到、眼到、手到。

她的手指经过千锤百炼，坚硬的氨纶不得不"服软"。

又一根氨纶丝延伸垂挂在面前，王晓菲伸出右手，食指拉过长线，绷紧，拇指弯曲钻入线背，食指外张，拇指"钩"！包茧的手指爆发出不亚于桑地亚哥钩钓马林鱼的超能量。

嘣！氨纶丝断开。多么振奋人心的匈牙利小调！

王晓菲创造出"食指钩断氨纶丝接头法"，提升了氨纶丝接头速度，氨纶丝纱线合格率上升至95%。

⊙ 2009年11月, 二十四岁的王晓菲在练习包卷粗纱

在细纱车间，接线头是最见技术的硬活儿。王晓菲的这些进步创新都是跟"秒"较量的。一个人一个动作加快一毫秒，一个人一天就能节省多少时间啊！一个车间，一个企业，全国的纺织行业每天、每个月、每年又能节省多少时间啊！没有人精确地计算过。但是，中国的纺织行业能够走出世纪交替的倾颓之势，重新屹立于世界之林，必定与生产效率的提高密切相关，这是毋庸置疑的！

治愈疑难杂症

传统的操作方法中有些不适应新设备的功能，亟待改良。可是，有些新引进的进口设备也未必适合所有生产需求。因此，在技术与设备不断改进的过程中，"国产自信"不可丢失。

有一次，公司接到一笔莫代尔纤维的订单，客户对纱线毛羽指标提出更高要求。

为了能够让客户满意，公司启用先进的零件设备，生产过程却一波三折。纱线非缠即断，疵品堆积。车间内"不闻机杼声，唯闻女叹息"。生产期限如同抢救病危患者，刻不容缓。抱怨哪能解决问题？王晓菲盯住台面上的订单，"牛脾气"又上来了，再难也得把活儿干出来！不查出原因不回家！她独自坐在办公室，画图纸梳理每道工序，一点儿一点儿地推敲，一遍一遍地核对。到底哪儿出了问题？国棉厂仿佛也屏息敛气，与她同呼吸，共思考。

"找到了!"王晓菲连拍桌案。

国产的纺纱机配用的进口钢丝圈的圈口是方菱形的,不适合短绒较多的莫代尔纤维,而相对便宜的国产钢丝圈,因为圈口是光滑的弧形,反而是更好的选择。

值车工给每台机子调换上了适用的钢丝圈,订单按期保质保量完成。

王晓菲铭记父亲当年"勤学苦练,多思多想"的嘱咐,将钻研新技术、创造新方法当作义不容辞的职责。

国棉厂的质量信誉为公司打开了销路。

细纱改纺是纺纱生产的收官工序,至关重要,将粗纱纺成一定支数、符合质量标准或客户需求的细纱,供捻线或机织使用。

公司订单增多,每批订单的原材料不同,改纺频率随之相对增高。以前,细纱车间主要加工纯棉、涤纶等一种原料单纺。近几年,客户要求多种纤维,比如棉、莫代尔,再加上牛奶蛋白纤维、甲壳素等交织混纺。原料的粗细不等,支数不同也是改纺的原因。

纱锭又称锭子,是纺纱机上用来把纤维捻成纱并绕成一定形状的部件。通常纺纱厂的规模用纱锭的数目来表示。

改纺就是把短机的480个纱锭线头全部打断,更换完粗纱后,重新认头接齐。这是令车间最头痛的程序。

使用揪断粗纱条重新接头的方式,机器要暂停,纱包要更换,浪费时间和原料。

原改纺操作工作量极大,效率低,浪费多。

一条生产线上的鸿沟横在车间。

能不能机器不停,保留原纱包?

王晓菲再次尝试矫正旧习。

后纺络筒设备具有掐疵性能。纺纱设备不停运转,前批次粗纱停留原位,新批次粗纱引出纱头后,在喇叭口处与原粗纱头保持在五厘米以内衔接,两种纱线经过牵伸区抽长拉细纺出新纱线。如果遇到不合格的纱线,自动络筒设备的掐疵性能发挥作用,掐出纱疵,重新由捻节器接头,比人工操作还要精准。

"改纺不停台操作法"就这样创造出来了!每台车每次改纺节省30分钟时间,节约用工2人,减少2.5千克的回花浪费。

现代纺织行业不仅设备越来越先进,工人技术水平也越来越高,而且生产模式也逐渐从高污染转向绿色环保生产转变。

古代的农书或工艺书中都有关于种植染料植物和染料加工的记载,使用植物染可以减少对人体的伤害和对环境的破坏。

在当今提倡生态环保、回归自然的大背景下,利用自然界的花、草、树木的茎、叶、果实、种子等提取植物染料的生产技术得到专家重视。

2015年,德州恒丰集团成立山东省植物染工业化生产技术研究院。

生产进程中,经过染色的纤维送到气流纺纱箱的喂给装置后,集聚效果差,毛羽多,条干不匀。

毛羽是影响纱线外观和风格的一个重要质量指标,纱线毛羽的状态直接影响到织造效率、布面风格和染色效果。条干即纱线、条子的主要线。纱线、条子或粗纱沿轴向较短片段内粗细或重量的均匀程度,称为条干均匀度。纺织品的质量与纱线条干均匀度密切相关。细纱条干不好,纱线的强力便会降低并影响织物的强度。而用不均匀的细纱织造时,在织物上会出现各种疵点和横档,影响外观

⊙ 2011年11月,二十六岁的王晓菲(中间)在辅导徒弟

⊙ 2019年，王晓菲在江南大学纺织服装学院讲完课以后在纺织服装学院教学楼拍照留念

质量。粗糙的织造物，会使服装厂、家纺厂等加工厂的生产付之东流。

王晓菲带领团队"针灸病症"，以毫米为单位一次次调试粗纱喇叭口之间的距离，当8厘米的间距缩短到3厘米时，纺纱效果最佳，毛羽降低0.3%，条干不匀率改善0.2%。

植物染纱线的颜色浓艳，断头后不容易被挡车工看见，造成短时间内断头率偏高。肉眼看不清，就借助灯光。王晓菲提出在车头安装激光灯，断头便一览无余，断头率瞬间下降到正常值，挡车工的巡回检验工作量减少50%。

王晓菲的一系列创造革新，看上去不过是一个又一个微乎其微的变化，却为沉闷的车间灌溉了活力，治愈了生产一线的痼疾。

这时，谁还能否认一名技术工人潜在的无穷价值呢？

专业技能是技术工人的立身之本，是企业的生存根基，是行业持续向前发展的推进器。

2019年，王晓菲在中国纱线网组织的"全国纺织行业运转生产管理研修班"上分享她的系列创造革新，并在江南大学的纺纱车间内，向纺织界企业负责人演示了操作过程。这些新技法被编写到《第七届全国纺纱技术创新研讨会论文集》中，以便更广泛地在行业内普及。

往日的工作光阴历历在目：从犹豫退缩，到坚定不移；从接线头、换包粗纱学起，到大胆突破传统技法；从奋力争取个人荣誉，到全心全意为公司、行业创造效益。王晓菲奋发图强的力量主要源自那份"不甘心"：不甘落后、不甘失败、不甘庸庸碌碌地过一生！

第七章　身份的蜕变

大学校园深造

斗转星移几度秋，梦回苑庄桂香处。

祈盼着有朝一日能踏入"圣洁的象牙塔"，是王晓菲十六岁时留在心底的一个梦。曾经选择德棉技校，她不后悔！她是个优秀的学生、出色的纺织工人。只是稍有遗憾，像桂花飘落在河中，香气未泯的惦念。

她辛勤劳作数年，获得了纺织行业内的最高荣誉，为行业做出了巨大贡献。遗落的大学梦，作为对她的犒劳，在她二十九岁那年翩然而至。

1977年恢复高考后，党中央开始有计划地选送优秀工人到高校学习，提高工人阶级的综合素质。1983年，教育部签发了《关于省、市、自治区级以上先进人物升学深造的暂行规定》，劳动模范报考全国全日制高等学校，年龄可放宽到二十八周岁……参加统一考试，录取时适当降低分数……

1991年，中国人民大学招收了全国第一批劳模生。1992年，全国有十六所高校面向劳模招生，报名人数超过一千人。同年，党的十四大明确提出，我国经济体制改革的目标是建立社会主义市场经济体制，以利于进一步解放和发展生产力。个别国企因为经济政策的调整改制为民营企业。一年后，劳模报名人数骤减到三百人，经过高考达到录取分数线的考生只有六十余人，因此绝大部分高校不再设立劳模班。

中国劳动关系学院是北京唯一坚持开办劳模班的高等学府，也是全国总工会直属的唯一普通本科院校。校园内栽满伞状的梧桐树，林荫道间书声琅琅，学识渊博的大学教授谈古论今……

2014年，春暖花开的时节。"晓菲，你获得过全国五一劳动奖章，今年工会推荐你去中国劳动关系学院读本科，2+2脱产学习，3月份去北京高校报到。"

"谢谢工会，谢谢领导，谢谢……"

六年前，山东省棉纺织行业协会带领参加"经纬－常山杯"的山东省运动员、教练员、裁判员来到北京的慕田峪长城游玩。刚获得冠军的王晓菲，伫立在古朴的烽火台上，豪情万丈。东风熏得游人醉的快意重现，王晓菲在祖国的首都拾起曾被折断的梦翼。

如今，大学开学了，王晓菲要在北京完成自己的学业。

劳模本科班的48名学生都是来自各省的全国劳模或者全国五一劳动奖章获得者。最年长的50岁，最小的27岁，男生36人，女生12人。

校园的花坛内种植着四季常青的华山松。就在王晓菲刚刚沉醉于学习时，意外地收到令人痛心疾首的消息：5月份，国棉厂的一个厂房发生火灾，火势凶猛。纺织厂最可怕的威胁就是发生火情，车间、仓库都是棉制品，一旦着火，便会一发不可收拾了，消防车也无计可施。王晓菲看到事故现场的照片：黑烟滚滚，厂房的房顶坍塌，设备严重烧毁，棉料损失惨重。所幸同事们都安然无恙。厂房经过整修后，列为危房，昔日享誉全国的国棉厂，纺织行业的一面旗帜，封掉了一个大厂房！王晓菲是国棉厂的子女，厂房记载着她拼搏过的青春！她化悲痛为力量，更加努力地学习，待学业有成，回去为企业排忧解难。

淡紫色的玉兰花为春夏季节的校园平添了几抹雅致之韵。

工人学子们如久旱逢甘霖般吮吸新知。上课认真听讲，课下复习完成作业，考试前泡学校图书馆，写论文时为了查找资料，就去附近的国家图书馆。

学院经常开展丰富的课外活动，清明时节到烈士陵园扫墓，到北京汽车制造厂参观，拜访校友，游览卢沟桥……

秋天，班主任组织劳模班的同学爬北京八达岭长城。班长扛着五星红旗，同学们亢奋激昂地在青石台阶上合影留念。

王晓菲眺望着连绵起伏的群山，个人的苦乐荣辱与苍茫的风景交融到上下五千年的文明史，小我如沧海一粟，又傲然于世。

王晓菲只在初中学过英语。她的二嫂是初中英语教师，给她寄来辅导资料，指导她背单词、做题，加上她爱好英语，用手机随时随地练听力，英语四级一次就过关了。

集中脱产学习的两年，每周五下午上完课，她都会赶往北京西站，花费五十多元购买车票，乘坐16点30分开往德州的特快列车，晚上7点多到家，三岁的女儿在眼巴巴地等妈妈回来讲童话故事。周一凌晨在德州火车站坐K字头的慢车，车费四十多元，近五个小时返回北京，再坐公交车到达校园，下车后匆忙赶回公寓。

王晓菲把2014年3月至2016年3月脱产学习期间乘坐火车使用过的浅红色的软纸票和蓝色磁卡硬纸票捆成一小沓，珍藏在抽屉里。

⊙ 上图　中国劳动关系学院学生卡
⊙ 下图　2015年3月，王晓菲劳模班脱产学习期间周末回家陪大女儿去公园

菲，形容花草美、香味浓。王晓菲生来就是一朵娇美芬芳的花。这朵花多年来点缀着国棉厂，国棉厂也为这朵花的成长供给着充足的养分。

2015年，正在脱产学习的王晓菲，被各级工会推荐为全国劳动模范。公司安排车辆，党委书记亲自送她到德州市政府大楼，全市的劳模在此集合同赴北京。王晓菲经常感慨地对徒弟和同事们说："企业是我们坚实的依靠，为我们提供优越的学习环境。员工得奖了，领导们陪着员工参加颁奖仪式。在这样的单位工作，我们没理由怠惰，要努力回报公司，服务社会。"

王晓菲又来到庄严的人民大会堂。这次，她的胸前佩戴了一朵大红花，红彤彤的，如盛开的牡丹。七岁那年封存在记忆中的花蕾，此刻终于拂尽尘埃，显露光鲜的本色。

候场厅里，劳模等待入场。王晓菲看见一张熟悉的面孔。

"姜姐！"

"晓菲！"

她们是中国劳动关系学院的校友。两姐妹能同台领奖，兴奋不已。王晓菲刚进大学时，姜玲已经回青岛纺织厂实习了。姜玲回校集中培训的时候，她们总要相约见面。人生何处不相逢！她们幸福地谈论起纺织行业带给她们的荣誉和成长。

郝建秀在青岛国棉六厂工作时，创造了高产低耗的操作法，行业内就以"郝建秀小组"命名全国纺织业先进的班组。四十多岁的姜玲是单位里"郝建秀小组"的第九任组长。为了把小组管理好，她舍小家为大家。母亲住院期间，她没请过一天假；她女儿的老师怀疑孩子没有母亲，因为她从未接送过孩子上下学。她带领的小组

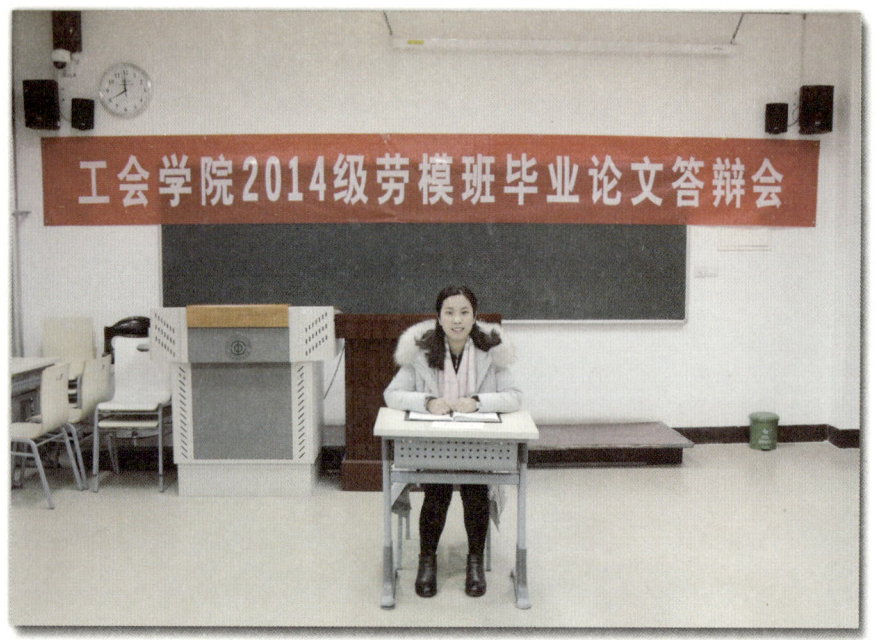

⊙ 2018年1月，参加劳模本科班毕业论文答辩

的产量总是领先，班组也最团结。与姜姐相比，王晓菲认为自己做得还远远不够，应当发扬"火车头精神"，为纺织行业更好地奉献自己。

2016年至2017年，王晓菲主要在企业上班，只有每年5月份回到高校集中上课一个月。

金黄的银杏叶为深秋的校园披上一层暖衣。

转眼，墨松衔冬雪。

四年的大学生活如白驹过隙。王晓菲学完人力资源管理、行政管理、社会调查研究方法、社区工作、社会问题概论、法学、工会等社会工作专业的全部课程；通过了英语四级考试；论文等级为"优"。

2018年1月，王晓菲取得了学士学位。

毕业前夕，班级组织最后一次团圆餐。职场强者们面对盛宴食不知味，一个个哭得像个孩童。照相机拍摄下同学们湿润的眼睛、挂着泪珠的脸庞。一朝分别相聚无期。48名同学在彼此的祝愿声中踏上归乡之路。劳模们以全新的姿态，开启了新的事业征程。

大学校园使王晓菲实现蜕变。从偏僻的山村，来到文化繁荣的京城；从专注于技术实操，走向管理层面；从注重自我发展，升华到关注社会现状，以服务他人为念。

与民营企业的结缘

王晓菲身在北京，心连德棉。2014年的失火事件给公司造成重创。2015年6月，王晓菲又接到噩耗——公司订单少，经营困难，宣布停产一个月，员工暂时停薪停职。

王晓菲的心被刺痛了，在学校宿舍里偷偷地哭泣。

第一次见到国棉厂的时候，厂房多么宽敞！让两三代人引以为傲的国棉厂，难道要就此荒废吗？

德州恒丰集团正在扩大规模，急需用工，特别是有经验的技术人才，很多员工就被分派到恒丰集团下属公司工作。

王晓菲在北京也清楚国民经济的发展趋势：大量国企面临改制，民营企业迅速扩建。

两年的集中脱产学习结束以后，王晓菲回到国棉厂的生产技术部实习了一段时间。2016年11月，她被分配到恒丰集团，从此与德州恒丰集团结缘。

由于王晓菲学习过人力资源管理和公司法等相关知识，公司把她安排在人力资源部工作，负责招聘专员和群团工作，免去实习，直接上岗。全新的岗位让她有点儿措手不及。那时恒丰集团邀请北京和君咨询集团来企业做培训，其中大部分课程是人力资源咨询管理。王晓菲借助这次机会向他们学习了招聘面试的方法。

王晓菲感觉自己是个幸运儿，遇事总能柳暗花明，或许她的运气源自她永不放弃的顽强意志。

德州恒丰集团主营业务有新型纱线和面料研发生产、纺织贸易、管理咨询和商学教育。拥有员工21200人，总规模为320万纱锭、2000台喷气织机、23条服装生产线、8条羊绒生产线，产品畅销长三角、珠三角等广大区域，并出口美国、德国、日本、韩国等国家。

虽然德州恒丰集团与德棉股份有限公司属于同行同业，但是两家公司在规模、管理方式、销售途径等方面存在较大差异。王晓菲在大型企业管理层面的职位上面临新的挑战，她要加紧步伐适应新的工作环境。

为培养适合本企业发展的各层次人才，恒丰集团领导借鉴和君商学院的教学模式，成立了自己的恒丰商学院，开设商学班、精英班、总裁班。

2017年，恒丰商学院商学班招收首届学员，条件是年龄三十周岁以下，专科以上学历。王晓菲从劳模本科班脱产学习回来后已经三十二岁。集团为了给劳模人员提供学习机会，特批市级及以上的劳模入学年龄可放宽至三十五岁。

王晓菲报名后，与所有考生一同经过了笔试、面试的双重考核。考试过关后，与同事们一起学习商业管理、纺织知识、财务管理和包括大量实际案例的营销学等课程，一个月左右上一次课，一次课上满两天。学期一年的十次大课，王晓菲收获最大的是系统地学习了实用性较强的纺织行业商学理论知识。同年，公司成立"山东省技师工作站"，王晓菲作为工作站领衔人，带领成员成立"优质高产标杆小组"。她担任小组长，下设运转三班小组长，将原来的2人落纱组合并成4人落纱组，新增2台落纱机和70把清洁电捻杆。组内成员协调互助，每台机子落纱时间从6分30秒缩短到3分40秒，每班增产20千克左右。公司按内部规定评定组内全部成员为助理工程师和高级工。

商学班的毕业典礼在集团第五会议室举行。国歌奏响，老学员穿着正装，踏着红地毯走到主席台。学员向导师行谢师礼。王晓菲有孕在身，坐在台下与大家共享典礼全过程。

11月，王晓菲荣获第十四届中华技能大奖，距离上次全国纺织行业有人获得此奖已经间隔六年！她是最年轻的获奖者，是山东省唯一的获奖者，也是唯一的民营企业入选的高技能人才。

企业为清除员工技术进步的"绊脚石"，专门设立了技术服务部。2019年，王晓菲在这个部门先后担任了高技能教练和技术处副处长。为了做好新岗位的工作，她继续报考商学院的精英班。班会上，她与集团的中层管理者学习和讨论行业发展大势，研究如何提高执行能力、组织管理能力等。这些知识让中层管理者从宏观上把握行业发展特点、集团的运作方式，并高效地组织团队自觉地渗入到织造精品的"八卦炉"中。

王晓菲顺"梯"跃进，同时将知识与经验融会贯通，运用到企业管理与运作中。

王晓菲的事业之基已经深深地植根于纺织行业。技术提升构成职业生涯的主干，多种形式的学习嫁接出繁茂的枝杈，挺拔的主干与摇曳多姿的枝叶相互映衬，高擎出一片郁郁葱葱的职场绿荫。

 第八章　时代的嘱托

人大代表为人民

王晓菲不舍昼夜地丰富学识，增长才干，使生命之河永不干涸；无论取得何等成绩，无论处于高位还是低谷，她始终把"责任与奉献"铭刻在心。

学生时代，老师同学们喜欢她；在国棉厂当技术工人时，师傅、同事们信任她；在劳动关系学院读大学期间，教授同学们欣赏她；到恒丰集团担任领导后，上下级都尊重她。

2018年1月，山东省第十三届人民代表大会第一次会议上选举她为全国人大代表。集团内部的同事们也为之激动。

"晓菲，全国人大代表有什么权利啊？"

"我们有想法，你能帮助我们反映上去吗？"

"3月份我们在电视上看你啊！"

……

王晓菲明白，一分荣誉，十分责任。当代表不是为了让别人在媒体上看见自己，而是要为人民办实事。

到目前为止，王晓菲是德州市唯一参加过党代会又当选为全国人大代表的人。她出身于农村，成长为一名工人，她同是农民阶级和工人阶级的先锋人物。

⊙ 2018年3月5日，王晓菲在人民大会堂参加中华人民共和国第十三届全国
人民代表大会第一次会议

⊙ 2018年3月，王晓菲参加第十三届全国人民代表大会第一次会议山东
省代表团全体会议

　　还有不到两个月会议就要召开了，王晓菲在集团和纺织业内部，调研行业高质量发展的建议。她把搜集来的信息整理好记录在本子上，3月5日去北京参会。会上，她主动向山东省代表团里有经验的老代表请教他们提交的议案，认真聆听各个省份代表团的《简报》。她深入学习了李克强总理在《政府工作报告》中提到的内容。记者采访时，王晓菲表达出听完总理报告的真实感想：对产业工人的独特价值及行业创新创造的优势有全新的领会。

　　"晓菲，你讲得真好，替我们工人讲出了心里话。"

　　"你为德州、为整个纺织行业提出了好建议。"

　　……

　　能为广泛的群众代言，王晓菲由衷地高兴。

　　2018年3月8日，习近平总书记在人民大会堂山东厅参加山东代表团的审议。会议从上午9点开到12点才结束。总书记从座位上走到代表们身边，亲切地询问代表们身体状况、工作情况、家乡的经济发展现状等，并与每个代表握手致意。轮到王晓菲与总书记握手时，她实在按捺不住激动，脱口而出："总书记好！我是一名纺织工人。"本以为日理万机的总书记会一笑而过，没想到总书记慈蔼地答复："纺织工人很了不起啊！"幸运的是摄影记者抓拍住了这珍贵的瞬间，为王晓菲留下了一张此生最值得纪念的照片。

　　王晓菲知晓总书记的话不仅仅是对她一个人的夸奖，更是对全国所有纺织工人的肯定和鼓励！是对人大代表的寄托！她瘦小的肩膀上担子更重了！

　　"人民选我当代表，我当代表为人民。"

　　王晓菲不顾妊娠期身体的笨重，在踏踏实实做好本职工作的同时，经常挤时间去机关事业单位、学校、民营企业、新老社区搜集民意，将社会关注的现象或问题梳理成建议和议案，提交给山东省人大工作组。

她尽己之力，为乡村教育、民营企业献计献策。

9月26日，距离预产期还有半个月左右，王晓菲仍旧毫不犹豫地报名参加省人大组织的"驻鲁全国人大代表调研农村义务教育情况"活动，随小组奔赴齐河、宁津、德城等地考察，在座谈会上积极发言。

乡村城镇化建设加速促进农村人口向城市迁移，农村人口越来越少。当年外出打工的青年大多漂泊在异乡，为了生计在不同的城市中挣扎、漂泊。留守儿童的成长教育问题突出。

王晓菲儿时在乡村读书，她对乡村教育的重要性与落后之处有切身体会。她提出建议：加大对学校硬件设施的投资；分配专业的老师任职；延时服务课堂上，像城市的学校一样开设棋类、乐器、美术、运动等特色课程，以丰富农村孩子的童年生活。另外，要普遍提高农村受教育程度，这对脱贫攻坚、乡村振兴有重要影响。

王晓菲小时候没有机会学习钢琴、古筝、舞蹈等艺术课程，长大后和城市里多才多艺的朋友相比，难免有点儿遗憾。她的女儿闫译丹还在读小学，舞蹈已经考到了八级。

国棉厂曾经发生的失火事件让王晓菲看到企业的兴衰直接关系到全厂职工的生存境遇。如果一个提议可以改善一个企业的困境，那么数百个家庭就能安享生活。

2019年7月，全国人大常委会在北京举办的第十三届全国人大第11期"保障和改善民生"代表学习班、德州市人大常委会在市委

⊙ 上图　2018年9月，临近预产期的王晓菲（左二）仍坚持在生产一线为学员讲解操作要领

⊙ 下图　2018年9月，临近预产期的王晓菲坚持参加人大代表调研活动

⊙ 2019年1月，王晓菲携婆母和二宝赴京参加第十四届中华技能大奖领奖

党校举办的三级人大代表培训班、滨州以"民营企业发展中存在的问题"为导向赴企业调研活动，都出现了王晓菲的身影。

根据多次会议讨论和多处实地考察，王晓菲提炼出相关建议，在全国人大代表会议上，她将这份来之不易的"结晶"提交给了议案组，受到相关部委高度重视。

王晓菲作为全国高技能人才代表，还应邀参加了庆祝中华人民共和国成立70周年大会。

2019年10月1日上午，王晓菲坐在观礼台的嘉宾席上。

雄伟壮观的天安门城楼上，习近平总书记站在主席台前讲话，深情地回顾了新中国70年波澜壮阔的历史，祝福中国的呼声响彻云霄……

伟大的中华人民共和国万岁！

伟大的中国共产党万岁！

伟大的中国人民万岁！

彰显国威和振奋士气的大阅兵，展示民族团结的文艺演出，十万群众以"同心共筑中国梦"为主题慷慨激昂的游行，在举国同庆的时刻掀起一股爱国主义热潮！

王晓菲热泪盈眶，默默许下心愿：鼓足干劲，以崭新的面貌为祖国的强盛而努力！

当晚，在人民大会堂演出了大型音乐舞蹈史诗剧《奋斗吧中华儿女》，这是祖国母亲对中华儿女的深情寄语！

一年后，在陵城区工会第五次代表会议上，王晓菲被选举为区总工会兼职副主席。她是职工信赖的干部、工友们可亲的知音。职责范围内有关工会及工人权益的事务她事必躬亲。

　　家庭的安定是社会稳固的基石。

　　2020年底，王晓菲收到一封来自江西省九江市星子镇胜利村的来信。寄信的李师傅是位失业农民工，在电视上看到了王晓菲的联系方式。

　　信的大概内容为：前年9月，妻子患上肾功能衰竭，为了筹钱治病，家中至今没安装门窗，孩子们经常问我什么时候安装门窗……前年年底，我所在的工作单位旭阳雷迪公司破产裁员，我下岗后在村里找到一份很满意的环卫清洁工作，非常感谢政府的关怀，让我在疫情防控期间能够有收入，还能为防疫工作贡献自己的力量。今年7月，妻子因甲状腺肿瘤在医院做手术，我去医院照顾她期间，这份清洁工岗位也被取代了……无奈之下，我想到了给您写信。

　　王晓菲参加人大代表培训班上结识的一位九江市的人大代表，正巧是李师傅所在村的村党支部书记。读完信，她立刻与这位村支书联系商量对策。村支书跟村委会沟通后，很快为李师傅办妥重回清洁工岗位的手续。

　　半个月后，李师傅寄来亲笔信。

尊敬的王晓菲同志：

　　您好！

　　在您的关心之下，困难很快得到圆满的解决。我在新的岗位开始了一天的工作，心情无比高兴。现在是寒冷的冬天，是您给我们全家人带来了春天般的温暖。

李福元敬上
2021年1月20日晚

⊙ 2019年10月1日，王晓菲参加庆祝中华人民共和国成立70周年大会

⊙ 2019年10月5日，国庆观礼结束后回到公司分享观礼体会

几年来，王晓菲收到过来自多地人士的信件，牵涉到企业合同纠纷等复杂案件。她甘愿为正义之事效力，遇到棘手的问题会委托相关部门进一步处理。

王晓菲以"人大代表"为圆心，为五湖四海素不相识的人们传递着温馨的正能量。

恒丰集团的领军人才

一只海燕要飞越多少海洋
才能到达可以栖息的沙滩
一朵花要尽释桃李的芳菲
才能安然零落成泥碾作尘

从为第一根棉线接头，到身兼数职，王晓菲在流逝的春秋中刻下一串串跋涉的印记。

2020年12月，鲁人社〔2019〕128号《山东省高层次专业技术人才高级职称评审"直通车"暂行办法》中规定：对获得中华技能大奖、全国技术能手等国家级荣誉称号的高技能人才，可破格申报高级职称。王晓菲凭借拔尖的技能和丰硕的带徒成果，被评定为高级工程师。

辉煌的生命历程无法复制，技能与经验却完全可以互鉴。

　　王晓菲在恒丰集团技术服务部的职责是全方位地"寓教于培""摆渡企业"。

　　她有计划地走访集团所属省内分厂——平原恒丰、夏津仁和、临邑恒丰等八家企业，调研它们存在的弊端及漏洞。为了集团能够平稳发展，她下车间为一批批学徒示范操作方法，有的放矢地提升员工技能、监督工艺设计、检查设备运行、制定生产管理方案等。

　　在深入的询访过程中，她发现循规蹈矩的管理思路成了限制企业高效运行的关卡，技能培训、人才评定的改革势在必行。

　　在她的倡导下，企业大力开展新型学徒制培训。

　　在校企联合培训中，王晓菲主要负责组织学生上课。

　　多年前，企业与德州学院联合开办大专和本科班，初中和高中毕业的员工完成学习获得大专以上学历，就可以评职称。

　　企业有几位领导曾是山东科技职业学院纺织专业的学生，他们从中联络建立起企业与母校的合作关系。2021年11月首次开课，以培养高级工为目标，学制两年，400课时，线上线下搭配教学。50名学员，均通过人力资源和社会保障局甄选确定，并在山东科技职业学院注册学籍。王晓菲主讲了《职业道德与工匠精神》这门课。近些年，学生报考志愿时偏向于选择服装设计专业，校企合作与纺织专业的招生和就业互惠互利。

　　"一县一项目"是指人社局授权给一个区域的一家或几家企业的技能培训项目，比如粗纱、细纱、络筒等专业岗位的技能培训。王晓菲在这个项目里担任培训老师，为学员们讲授职业道德、安全操作规程、棉纺织指导手册课程。她的授课，为有操作经验的学员们巩固了理论基础，加强了干部管理水平。

电子网络时代知识"新陈代谢"加速，社会需要更多的"金蓝领"——既有专业知识又擅长实际操作的专业技术人才。以往，人社局委托部分院校进行"金蓝领"培训，这一年，人社局将"金蓝领"培训权限下放到部分企业。王晓菲花费一段时间充分准备材料，一步步申报审核，最终通过省人社厅批准，恒丰集团获得了培训资质，成为企业自主评价的一个基地。2022年，德州市总共有十四家单位申报成功。为了达到人社局要求的实操和理论培训水准，王晓菲与集团领导、企业文化部门、恒丰商学院领导沟通理论课程开发方案，最后商定与深圳小鹅通信息文化公司合作。王晓菲从公司的培训课程里筛选出60节理论课程，而后一并将课程与公司的380位"金蓝领"名单输入软件系统，供他们随时随地线上学习。

形式丰富的新型学徒培训渠道，使不同层次的员工都有机会找到适合自己的学习课程，掌握必备的专业知识，提升自己的专业素养，为员工发展注入了能量。

技术技能人才的成长通道受阻，如何畅通？具备管理才能的技术员工如何有机会升为一名管理者？

人社局新出台"一评双证"的职称评审政策。王晓菲成功地为企业申报了实施这项评审的资质，在集团内开展改革试点，建成"纵向畅通、横向贯通"的三层级技术技能人才成长通道，打破了技能人才成长的"天花板"。技师可横向跨为工程师，高级技师可横向跨为高级工程师，高级工程师可横向跨为助理工程师，由此人才成长纵向渠道畅通无阻。同时，明确管理、专业技术、技能操作三类人才的横向等级对应关系以及职称和技能等级横向认定规则，破除三者之间横向发展的壁垒，实现技能人才职称、职业技能等级的"横向贯通"。王晓菲给专业技术职称评审通过的职工测试实操能力并评分。"一评双证"为技术人员构建了一座职业发展的"立交桥",打破人才进阶桎梏。

企业文化是企业的灵魂,人才文化是企业的血脉。恒丰集团弘扬"知人,用人,做人;人人都是人才,人人都可成才;人才是恒丰的未来"的人才文化。

王晓菲笃行企业的人才文化,让集团的员工们体验"学有所长、学有所用、学无止境"的人才之道,帮助员工铺就"人尽其才,学以致用"的轨道。

"高技能教练"的职位,王晓菲当之无愧。她因材施教,选拔合适的学员参加适合的培训体系,创新多种测评方案,帮助同事前进,辅助企业横渡险滩。

恒丰商学院副院长杨爱芹老师倾吐肺腑之言:"任命王晓菲担任高技能教练,是集团的一项重要决策,实践证明这是非常正确的。"

领导知人善任,权责细分到位,应当是恒丰集团具备竞争力的重要因素。

虽然王晓菲自认为当技能教练跟儿时做老师的梦想还是有点儿不同,但是她为学员们付出的心血完全可以与一位合格的老师相媲美。

企业在为员工谋求发展道路之外还想为员工增加点儿福利。领导们商定,每两个月给每位员工发放二百元的补贴,但是少量的金额在工资里不太能体现出"额外的关怀"。王晓菲便下基层与员工谈心采纳建议,后来福利待遇调整成每个月提前询问员工想要什么，中层管理者根据员工上报的"心愿清单"采购物品再分发至个人。每人每次发放的慰问品一般不少于四样，主要是大米、面粉、花生油等食品；夏天会买些绿豆、茶叶、洗衣液、抽纸等日常用品。集团2022年成立的三个巡视组，到基层调查员工对企业的评价，说到福利这块儿，大家都很满意："这两年有疫情，企业挣钱不容易，还给我们大包小包的地发福利，真是太幸福了！"特别是双职工家庭，可以领两份，一家三代人老少皆乐，员工们有实实在在的信任感和归属感。

企业与员工同甘共苦，团结一心，力争把恒丰打造成国内首屈一指、独树一帜的精纺集团，奋力追求生产"中国织造"，扩大世界锦绣市场的贸易空间。

企业与员工相得益彰，集团先后被授予"全国棉纺行业百强企业""山东省企业文化品牌十佳单位"等多种荣誉称号。

⊙ 2019年10月，王晓菲在车间查看粗纱疵点

⊙ 2021年8月，王晓菲在车间细纱机设备上研究摇架加压情况

# 第九章　车间大师工作室

智慧创新源泉

如果一朵棉花代表一个头衔，一束橄榄枝代表一种荣誉，那么，王晓菲步入棉纺行业十九年来获得的"花枝"足以编织成与人等高的心形相框。她手捻彩棉，抚嗅绿叶，耕织的青春镶嵌于"心"字中央，任世事变迁，永不褪色。

在北京大学主办的"教育、财政与社会发展学术论坛"系列讲座上，人力资源和社会保障部职业技能鉴定中心副主任毕结礼介绍说："大师工作室的建立，旨在给技能大师创造一个环境，提供一个平台，更好发挥技能大师在培养技能人才方面的优势，是人力资源能力建设的重要内容。"

北宋平民出身的毕昇，在一间工坊里，用胶泥烧刻单字，发明了活字印刷术；

享誉海内外的农业科学家袁隆平，与农民打成一片，挽起裤脚蹚泥田，培育出优质杂交水稻；

法国昆虫学家法布尔，蛰居小小的荒石园三十多年，完成10卷既有科学性又具文学性的不朽名著《昆虫记》。

……

简朴至极的方寸之地被钻凿成伟大发明创造的源泉。

⊙ 2019年1月，王晓菲在中华技能人才表彰大会现场

　　王晓菲的技能创新都出自三尺车弄，创新成果也只有在车间普及运用才能体现价值。

　　德州恒丰集团在恒丰工业园C区分批修建起了三个厂区，天蓝色的平房顶向天边延伸。车间密集的附房中，有一间五十余平方米的小屋。小屋正面靠墙的两端各有一个书柜，左边的书柜方格间摆放着"王晓菲技能大师工作室""山东省示范性劳模和工匠人才创新工作室（2021年11月）""齐鲁技能大师特色工作站"等标牌和《社会学》《危机管理战略》《行政管理学》等书籍；右边的书柜里放置着工作室成员获得的各类荣誉证书和期刊、报纸。

　　这是德州市唯一的国家级技能大师工作室，成立于2019年7月，负责人是王晓菲。

　　室内并列两张棕褐色长方形会议桌，约二十个座位。有时，王晓菲在这里向工友们传达国家召开过的重要会议内容。当遇到技术难题或者工艺设计有待创新时，工作室的10名成员（5名男性、5名女性）从集团的不同理事单位汇聚于此，自由发表言论，共同商讨技改大计。走出这间小屋，他们便将研讨的成果付诸实践。

　　工作室群英荟萃，组成坚实的"智囊团"，他们三个月集中召开一次会议，总结前期工作和部署下季度任务。小组成员李强于2015年荣获"全国劳动模范"称号，2017年当选为党的十九大代表。"80后"的朱长松是小组成员之一，2020年，由朱长松领队研发的"细纱机导纱轮技术装置"荣获山东省设备管理创新成果一等奖。1996年出生的李瑞瑞，跟随王晓菲学习，仅八年时间就从一名普通的值车工晋升为高级技师，并获得德州市五一劳动奖章及第十七届"德州十大杰出青年"、山东省劳动模范、齐鲁首席技师、全国优秀农民工等荣誉称号。李瑞瑞初次参加德州市细纱工技能比赛前，心理素质欠佳，王晓菲先"苛刻"地命令她咬文嚼字地背诵操作流程，然后每天默写几遍，再为她疏导心理。最终，扎实的功底将李瑞瑞压力的雾霾驱散在一尘不染的纱线中。

三年多来，在这间小屋里王晓菲一共组织了21次专项技能培训，完成了QC攻关课题10项；工作室成员们发明了细纱机粗纱纱架提升装置、军用服饰纱线、森林氧吧纱线、细纱机余热回收利用系统等33项国家实用新型专利、1项外观设计专利、申报3项发明专利；王晓菲在棉纺织技术期刊发表《植物染莫代尔纤维的性能研究》和《非公有制企业人才招聘》两篇论文，可谓硕果累累。

工作室逐步完善技能人才队伍建设制度体系，出台了《德州仁和恒丰纺织集团有限公司技能人才自主评价实施方案》，配套制定了《德州恒丰集团专业技术职称评审和技能人才自主评价管理制度》；进一步规范职业技能等级认定管理范畴，限定享受特殊岗位技能补贴的工种类别。他们起草《技能大师工作室实施方案》，计划开展"恒丰特级技师""恒丰名匠"培训项目，加快补齐人才短板。

工作室的精英们还创新了企业技能人才自主评价体系。以往，技能等级和职称评审基本上是按照工作年限划定，"工作时长"成为"晋级"的枷锁。新的评价方法破除工作年限和技能等级的条件限制，对骨干人才、岗位上的技术权威、有创新成果的员工，可以

⊙ 2019年4月，王晓菲（中）在工作室向工友传达"两会"精神

⊙ 2018年5月，王晓菲（右）辅导徒弟备战市技能竞赛

破格或者越级申报专业技术和职称评审，体现"技师是干出来的""技师是赛出来的"的新时代人才观念。工作室组建了8个专业的评审委员会，切实推行高技能人才"能力+业绩+答辩+民主评议"的评价模式，从品德态度、工作业绩、潜在能力和技能水平四个方面进行审议，实现能力与绩效考核的有机结合。

其中"潜在能力"的考核别具特色，由员工通过论文答辩形式完成。基层员工将一年的工作总结、收获成果、创新创意点及明年的工作计划等写成短篇论文，交给考评部门进行评议。因为大多数基层员工学历较低，书面表达能力较弱，所以公司让各个车间主任带头，对员工给予协调帮助。王晓菲"因学制宜"，将考核方式规定为：三人一组，围绕某个技术课题写一篇论文，不少于1000字。文章要把攻关的过程描述清楚，答辩的时候能够流利地表达出自己的想法。

王晓菲说："其实，生产一线创新点无处不在，只不过许多基层员工不善于总结。""潜在能力"考核实质上是激发员工把潜意识中的灵感挖掘出来，并运用写作的方式训练思维与表达能力。

工人技师分为5个等级，之前公司将它们起名为一级技师、二级技师、三级技师、四级技师、五级技师。2021年，王晓菲将技能等级的称谓规范化，改称作：初级工、中级工、高级工、技师和高级技师。这样，技能等级可以体现出相对应的职称级别。就在这一年，工作室完成了《企业技能人才自主评价》资质申报并在山东省人社厅备案，并且为2351人完成技能评价，员工们充分展露才干，生产效益速增。

另外，依据《国家职业分类大典》技能类职业目录和国家职业技能鉴定命题技术规程，工作室开发了8个工种（检验员、纤维梳理工、并条工、纺纱工、设备点检员、电工、钳工、织布工）的职称认定题库，平均每个工种题库中有200道理论知识试题，5个以上操作技能考核项目。传统的纺织保全工被取消，把他们划分到设备点检员类别，实现职业（工种）全覆盖。

王晓菲根据员工的情况为他们"量体裁衣"，建议他们选择适合自己的等级参与评审，评定合格后就可以得到对应的补贴。

王晓菲为了规范一线职工的全项操作，2022年首次在集团内部组织细纱车间操作员和值车工全项技能竞赛，员工们在整个比赛过程中可以互相切磋技艺。

恒丰集团以工作室为支点，一年举办一次不同工种的市级操作比赛。企业通过以赛促学、以赛促评、以赛促建，加快推进了高技能人才队伍建设。

人才与创新是企业腾飞的双翼。

王晓菲立足工作室，矢志不渝地培养人才，引领创新之路，为企业、纺织行业插上了丰满的羽翼。

全国人大代表 山东省德州恒丰集团高级技师 王晓菲

⊙ 2022年3月8日，王晓菲通过两会期间的"代表通道"讲述纺织女工传
　承工匠精神的故事

工匠精神底色

恒丰集团近几年从天津工业大学等高校引进纺织专业的高端人才，一般会优先考虑把他们安排在生产技术处。可惜的是，部分研究生或者本科生等具有高学历的人才，承受不住在车间实习三个月的磨炼，还未来得及给他们定岗定编就离职了。

王晓菲拍着胸口叹息道："心痛，我们真的很心痛。无论怎么劝说，都挽留不住他们。如果不从基层做起，不了解车间的运行情况，怎么能做好管理层的工作呢？留下来的几个研究生，两三年就能做到管理层。求职者在选择企业时，理应认同该企业文化。"

恒丰集团的理念：恒丰是为仁和，仁和才能恒丰。

《道德经》曰："天下难事，必作于易；天下大事，必作于细。"

扪心自问，哪个领域，哪类行业，哪份工作，不是积于跬步，才能行至千里的呢？

不可否认的是，高端人才的流失与企业的综合实力不无关系。国有企业改制成民营企业后，各种原因导致企业的负担较重。但无论如何，历史遗留下来的旧债定会逐步减轻，新世纪的中国的纺织行业必然能够与时俱进，从传统真正走向现代，与国际市场接轨，

⊙ 2018年8月，33岁的王晓菲作为山东省高技能领军人才在高校做报告

⊙ 2021年12月，王晓菲(左一)到德州职业技术学院讲述"劳模精神、工匠精神"并被聘为"思政课教授"

具备坚不可摧的竞争力。

国家扶持教育，教育培养人才，人才是创新的探照灯，创新是企业的命脉，企业是国民经济的细胞。个人、企业、国家，命运息息相通。青年一代应当视企如家，爱国如家，唯有如此，才能让"小我"在"大爱"的疆土上纵横驰骋！

王晓菲通过工作室这个"舞台"，将有限的个人、小组优势转化为广泛的群体力量。她把自己的手机号码公开为集团技术部服务热线，任何员工有关于技术上的疑问都欢迎随时拨打热线咨询。

工作日内，王晓菲时常进车间手把手地教授徒弟技艺，徒弟慢慢变成了老师，技能薪火相传。在公司里独当一面的韩秀秀说："王教练技术过硬，诲人不倦，跟她学习简直是一种享受！"

王晓菲教学时语速适中，语调平缓，一个动作分解成若干个步骤，边演示边耐心地讲解，游丝软系绵柔的技艺出神入化。

韩秀秀2005年进厂时的接头速度是40支80多秒，在王晓菲一对一的指导下，一个月后，速度达到40支40多秒，夺得了公司技术大赛第一名。

王晓菲巡视长排飞旋的"纱浪"时，慧眼扫过，空管、断头、瑕疵一览无余，眨眼之间便将流水线上的缺失接续完美了！

她指点韩秀秀："不能漫无目的地看台，要目光如炬。"

目标明确地巡回若干次后，韩秀秀才体会到，看似粗略的巡回中含有精深的门道。

"原本以为，纺织工人就是乏味的体力劳动。用心感受，才发觉纺纱工作千变万化，纺织工人能够传承工匠精神，在这里有奔头。"韩秀秀庆幸自己坚持下来了。2017年，韩秀秀代表集团到宁夏新建的分公司开展"传帮带"活动，为新员工顺利顶岗打好技术基础。

习近平总书记倡导建设知识型、技能型、创新型劳动者大军，弘扬劳模精神和工匠精神。

王晓菲说："工匠精神既存在于'高、精、尖'等产业和领域，也存在于每一个普通的岗位。只要有一颗精益求精的心，不放过任何一个细节，杜绝'差不多'思想，把日常点滴任务做到极致，就是对工作最好的尊重、对社会最大的奉献！"

2022年，三十七岁的王晓菲，洗尽铅华。

"我也没啥了不起。工作能力又到了瓶颈期，本科毕业已经超过三年，打听过好几所学校，规划着去读在职研究生。眼前就想带领工作室成员多搞一些技术攻关和研发，多出成果。工作室成员得到绝对的成长，发挥工作室平台的作用，为企业多做一些贡献。还有，就是把两个孩子教育好、培养好。"

王晓菲的社会事务较多，经常出差开会，几天不能回家。对于她来说，一家人能够放松地享受周末都是件很奢侈的事情。孩子们没有感觉到妈妈的荣誉给家里带来多少财富，反倒觉得她整天忙得没空闲陪伴她们玩。大女儿闫译丹从未用语言夸赞过妈妈，所以王晓菲一直认为自己在孩子们心目中是个不称职的母亲，直到她偶然间看到大女儿写的作文《我的妈妈》："妈妈今天值夜班，晚上不回家。我到她的卧室，打开搁在墙角有点儿破旧的皮箱，里面全是她的奖杯、奖状和荣誉证书。妈妈是我最尊敬的人，我真佩服妈妈！"

王晓菲在女儿的卧室里挂上那张她与习近平总书记合影的照片，希望能够时刻激励自己和女儿努力向前。

2022年，王晓菲从技术服务部调回人力资源部，任副部长，负责技能培训、职称评审、工会活动等综合事务。

人力资源部——技能大师工作室——车间，"三位一体"构成了王晓菲职业的全景图，"工匠精神"是贯穿宏图的中轴线。

车间是起始点，也是落脚点。当王晓菲置身车间，她的指尖随心所欲地变换着细纱挡车工的十个动作：拔纱、找头、引纱、套钢丝圈、插管、提纱、绕导纱钩、掐头、放头、接头。纺纱机"嗡——嗡——"的运转节奏与她的感官、心灵产生共鸣。日升月落，单调的操作被演绎成华丽的乐章。

"纤纤擢素手，札札弄机杼"，现代巾帼蓝领，依托智慧与坚守，悄无声息地织造出新时代皎洁的星河。

中华女红

梭子在飞，织机在响，

我们纺织着，日夜匆忙——

我们织进去三重愿望

一重愿望送给富饶的祖国，

感谢她地大物博国民安康；

二重愿望送给精进的蓝领巨匠，

祝福他们造出中国品牌举世无双；

三重愿望送给五十六个民族的中华儿女，

⊙ 2022年6月，王晓菲（中）被授予第七届德州"最美职工"荣誉称号

祝愿每个生命茁壮成长珍爱时光！

梭子在飞，织机在响，

女红们在纺织，日夜匆忙——

天空是蔚蓝色的，海洋是碧蓝色的，如果为生活的本质定义一种底色，那就选择介于二者之间的普蓝色吧！

它是蓝领工匠们用朴素的技法为平淡的日子渲染出的明媚光泽！

它是清雅、深沉、宁静、包容万物的"中国蓝"！